쾅쾅쾅 전쟁 속에 숨은 갈등

쾅쾅쾅 전쟁 속에 숨은 갈등

서민 글 | 유남영 그림

주니어 단디

전쟁, 정말 우리와 상관없는 이야기일까요?

여러분, 혹시 뉴스에서 들려오는 전쟁 소식을 접해본 적이 있나요? 러시아와 우크라이나에서 일어나는 전쟁, 그리고 중동에서 계속 이어지고 있는 폭격과 공격 등 말이에요.

멀리 떨어진 다른 나라의 이야기이고 지금 우리나라에는 전쟁이 없으니, 나랑은 상관없는 일이라고 생각하는 친구도 있을 거예요.

하지만 정말 그럴까요? 전쟁은 결코 남의 이야기만은 아니에요. 지금은 평화로운 한반도에 살고 있지만, 우리 할머니, 할아버지, 혹은 그 윗세대 가족들은 전쟁을 직접 경험한 분들이 많으니까요. 엄밀히 말하면 우리나라는 아직 휴전 중입니다. 전쟁이 언제 다시 일어날지 모른다는 불안감이 여전히 우리 삶 곳곳에 남아 있는 셈이죠.

또한 전쟁은 어떤 특정 나라, 혹은 멀리 떨어진 누군가만의 일이 아니에요. 지금 이 순간에도 전쟁은 우리의 일상에 깊이 파고들어 있어요. 예를 들어, 지구 반대편의 전쟁 때문에 기름값이 오르고, 빵이나 과일 가격이 들썩이며, 다른 나라와의 관계가 변하기도 하지요. 우리는 모두 하나의 지구에 사는 세계시민이고, 세상은 아주 긴밀하게 연결되어 있기 때문이에요.

사실 저도 '전쟁'에 대해 이야기하는 것이 불편하고 즐겁지 않아요. 하지만 미래를 살아갈 우리 친구들이 세계 역사의 흐름을 제대로 이해하기 위해 꼭 알아야 하는 이야기들이라고 생각해요. 과거의 실수를 반복하지 않고, 내가 살고 싶은 평화로운 세상을 직접 만들어 나갈 힘을 기르기 위해서지요. 그리고 더 이상 '전쟁은 나와 상관없는 먼 나라 얘기'라고 생각하지 않는 진짜 세계시민이 되기 위해서도 꼭 필요하답니다.

이 책에는 러일전쟁, 제1·2차 세계대전, 스페인 내전, 한국전쟁, 그리고 중동전쟁이 등장해요. 이야기를 따라가다 보면, 전쟁이 당사국들만의 문제가 아니라, 더 많은 나라와 사람들이 얽혀 있는 복잡한 갈등의 이야기임을 알게 될 거예요. 각 전쟁이 왜 시작되었는지, 어떤 나라들이 은밀하게 혹은 노골적으로 개입했는지 살펴보세요. 그 속에는 우리처럼 꿈과 두려움을 가진 수많은 사람들의 선택과 숨겨진 이야기가 가득하답니다. 또한, 전쟁은 무조건 무섭고 슬프기만 한 것이 아니라, 때로는 놀라운 전략, 기상천외한 우연, 뜻밖의 인류애, 주인공 같은 용기와 위기 극복의 순간도 품고 있지요.

여러분이 이 책을 통해 전쟁이 그저 '옛날에 있었던 무서운 사건'이 아니라, '지금 우리와 연결된 현재의 문제'라고 느끼게 되길 바라요. 그리고 작은 행동이라도 스스로 할 수 있는 평화의 씨앗을 마음에 심을 수 있었으면 좋겠어요.

여러분과 함께 평화를 꿈꾸며,

서민 작가 드림

차례

1장

러일전쟁
속에
숨은 갈등
1904~1905

1904년 2월 8일, 일본의 기습 공격이 시작되다!

러일전쟁은 1904년부터 1905년까지 러시아와 일본 사이에 일어난 전쟁이야.

그 당시 러시아는 조선과 만주[•]에서 자기의 힘을 키우려고 했고, 그것을 막으려는 일본과 자주 부딪혔어. 두 나라는 각자 원하는 것을 요구하며 여러 차례 협상을 시도했지만 실패했지.

그러자 일본은 1904년 2월 8일, 아무런 예고도 없이 만주 뤼순항에 정박해 있던 러시아 해군을 공격했어. 러시아는 갑작스러운 일본의 공격에 당황했지만, 그것만으로 전쟁이 시작됐다고 생각하진 못했어. 일본의 선전포고도 없었고, 감히 세계 최고 강국인 러시아를 상대로 전쟁을 걸어올 거라고는 상상조차 하지 않았던 거야.

다들 전쟁을 벌이려면 선전포고부터 해야 한다고 당연하게 생각했어.[••] 선전포고를 하지 않으면 상대국이 전쟁을 전혀 대비할 수 없어 공정하지 않다고 여겼거든.

일본은 조선의 제물포항(지금의 인천항)에 정박해 있던 러시아 주요 군함들을 차례로 공격하고 첫 공격을 실행한지 이틀이 지난 뒤인 2월 10일에야 정식 선전포고를 했단다.

• 중국 북동부 지역이야.

•• 전쟁을 시작하기 전에 선전포고를 통해 상대방에게 알리라고 권장하는 국제적 조약이 있어. 바로 1907년에 만든 '헤이그 협약'이야. 이 조약에는 나라 간의 전쟁을 좀 더 공정하게 하려고 전쟁할 때 지켜야 할 법과 규칙에 대해 정리해 놓았어.

러일전쟁 초반에만 해도 이를 지켜보던 세계 여러 나라들은 일본을 과소평가했어. 당연히 강대국이었던 러시아가 전쟁에서 이길 거로 생각했지. 하지만 놀랍게도 결과는 일본의 승리로 끝났던 거야.

이 전쟁은 아시아 국가가 서양 강대국을 이긴 최초의 전쟁으로 세계 역사에 기록되었어. 이 승리를 통해 일본은 유럽 열강과 어깨를 나란히 할 정도로 국제적인 위상이 높아졌고, 이는 이후 일본이 제국주의• 국가로 나아가는 중요한 발판이 되었지.

러시아를 거인, 일본을 소인으로 그린
러일전쟁 풍자화-프랑스 신문(1904.04.03.)

러일전쟁 이전에 러시아와 일본 사이를 틀어지게 한 전쟁이 있었다고?

사실 러일전쟁 이전에 러시아와 일본의 사이가 나빠지게 된 중요한 사

• 제국주의는 한 나라가 다른 나라를 힘으로 지배하거나 영향을 미치는 것을 말해. 예를 들면, 크고 힘센 나라가 작고 약한 나라를 정복해 땅과 자원을 빼앗고 그 나라 사람들의 생활을 간섭하는 것 말이야.

건이 있었어. 바로 청일전쟁이지. 청일전쟁은 1894년부터 1895년에 청나라와 일본이 조선의 지배권을 놓고 싸운 전쟁이야.

좀 이상하지 않아? 분명 청나라와 일본이 싸웠는데, 러시아와 일본의 사이가 나빠졌다니.

청일전쟁은 일본의 승리로 끝났어. 승전국 일본은 청나라를 조선에서 몰아내고 대만과 요동반도를 포함한 여러 영토를 빼앗았지. 하지만 기쁨은 오래가지 않았어. 바로, 러시아 때문이야.

러시아는 겨울마다 혹독한 추위로 주요 항구가 꽁꽁 얼어붙었어. 해군의 전력을 키우고 태평양으로 진출할 제국주의적 야망과 안정적 해상 무역로 확보를 위해 1년 내내 얼지 않는 '부동항'이 꼭 필요했단다. 이를 위한 남하정책으로 조선과 만주로 세력을 키우고 있었는데, 일본이 만주의 요동반도를 차지하게 되자 계획에 차질이 생긴 거야. 러시아는 독일, 프랑스와 손잡고 일본에 요동반도를 청나라에 다시 돌려주라고 요구했어. 이 사건을 삼국간섭(1895)이라고 해.

처음에는 강하게 반발했던 일본도 결국 서구 열강들의 압력을 이기지 못하고 요동반도를 청나라에 돌려줬어. 이 일로 일본은 깊은 모욕감을 느꼈고, 러시아에 대한 적대감도 커지게 되었지. 게다가 이렇게 돌려준 요동반도를 러시아가 차지하려 하면서 두 나라의 관계는 더욱 악화되었어.

전쟁 당사국인 두 나라의 이야기를 들어볼까?

전쟁의 시작

• 의화단운동은 1899년부터 1901년까지 중국에서 일어난 반외세, 반제국주의 운동이야. '의화단'이라는 이름은 '의로움을 지키는 무리'라는 뜻으로, 청나라 말기에 외국인과 기독교 선교사들로 인해 중국의 전통문화와 생활을 위협받고 있다고 생각하고 그들을 공격했어. 의화단운동은 실패로 끝났지만, 외세에 맞선 중국인들의 의지를 잘 보여주는 사건이지.

•• 다른 말로 아관파천이라고 해.

아니, 계속 이렇게
싸울 게 아니라 그냥 협상하자!
만주는 너희가 점령하고
조선에서는 얼른 발 빼라고.
싫어.
만주와 조선 모두 우리의
태평양 진출에 중요해.

계속 이런 식으로
나온다면 우리도 가만
있지 않을 거야.
어쩔 건데?
조그만 섬나라 주제에.
우리의 어마어마한 군사력을
모른단 말이야? 지금 건설 중인
시베리아횡단철도만 완성되면
만주와 한반도를 다 차지하는 건
시간 문제라고.

그렇다면
협상은 없어!
전쟁이다!!
러일전쟁 상황지도
러시아군 이동로
일본군 이동로
봉천
④ 봉천전투·일본승리
(1905.3)
③ 압록강전투·일본승리
(1904.5)
의주
회령
② 일본,
뤼순항 공격
(1904.2)
대호산
평양
원산
뤼순(여순)
⑥ 발트함대 항복
(1905.5)
서울
인천
① 일본, 인천공격
(1904.2)
⑤ 일본,
발트함대 격파
(1905.5)
시모노세키

전쟁 진행 중

장군님, 우리는 육·해군을 통틀어 대략 24만 명에 불과합니다.
알고 있다! 하지만 싸움은 숫자로만 하는 게 아니라는 걸 모르나?
외신들은 모두 러시아가 승리할 거라고 합니다.
장군님, 일본의 선제공격으로 막대한 피해를 봤습니다.
우리 러시아는 육군만도 100만 명 이상, 해군은 세계 최강이라는 발트함대가 있지 않습니까?
감히 약소국 일본이 강대국 우리 러시아에 덤볐단 말이지! 온 세계가 일본의 패배를 점치고 비웃고 있다!
VS
지금 만주와 한반도에 와 있는 러시아 병력이 얼마지?
대략 10만 명 정도 된다고 합니다.
곧 30만명 이상 전쟁에 동원될 수 있을 것입니다.
추가 병력이 이동해 오기 전에 신속하게 전쟁을 끝내야지!
많은 병력이 있으면 뭐 합니까? 대부분 유럽 지역 쪽에 있어 오는 데 한참 걸릴 것입니다.
정 안되면 우리의 최강함대 발트함대라도 출동시켜야지!
이것 참. 시베리아횡단철도만 완성됐어도 금방 올 수 있을 텐데….

뤼순항/인천 해전(1904.2)
압록강 전투(1904.5)
뤼순 공방전(1904.8~1905.1)
황해 해전(1904.8)
랴오양 전투(1904.8.25.~9.5)
봉천 전투(1905.2.20.~3.10)
쓰시마 해전(1905.5.27.~28)
일본 승
러시아 패
어떠냐, 우리의 뛰어난 전략과 전술이? 흠, 이게 다 철저한 준비와 뛰어난 지휘관들이 중심이 된 빈틈없는 지휘 체계 덕분이지! 게다가 걱정했던 발트함대와의 싸움에서도 우리가 완전히 압승했잖아! 이 정도면 인정하지 않을 수 없겠지!
이럴 수가! 우리 러시아가 지다니… 어떻게 세계 최강 발트함대까지 이렇게 허무하게 무너졌는지, 도저히 믿을 수가 없어! 그래도, 인정할 건 해야지. 일본의 전투력은 정말 대단하더군. 해전에서도 육전에서도 생각보다 훨씬 강한 상대였어.

전쟁 막바지

전쟁이 계속되니
전쟁 비용이 너무 많이 들어.
무기나 탄약 등의 군사 자원은 물론
새로운 병력을 보충하기도 어려워졌어.
게다가 국민도 지쳤고,
미국을 비롯한 여러 나라들이 평화 협상을
요구하니 더는 전쟁을 지속할 수 없겠어.
전투에서 계속 지니
군사들의 사기가 바닥나고 있어.
게다가 내부적으로는 정부에 대한
불만이 폭발해서 정치적 혼란이 가중되고 있지.
전쟁 때문에 국가 재정도 악화되니, 경제적으로
더욱 힘든 상황이야. 솔직히 더 이상 전쟁을
지속하는 건 어려울 것 같아.
그래, 잘들 생각했어.
너희들이 전쟁을 계속하니까 근처에 있는
동아시아 전체에 영향을 미치잖아.
동아시아 지역의 평화와 안정이 중요하다고.
특히 우리의 식민지 필리핀의 안전을
보장하는 것이 우리로서
아주 중요한 일이야.

러일전쟁은 단순히 러시아와 일본만의 일이 아니었다고?

〈대한제국•〉 우리는 전쟁에 휘말리고 싶지 않았어!

러일전쟁 동안 대한제국은 러시아와 일본 중 어느 편에도 들고 싶지 않았어. 중립을 유지하려고 했지만, 청일전쟁의 승리로 이미 한반도를 장악한 일본의 압박을 이길 수 없었어.

일본은 전쟁이 시작되자 대놓고 대한제국의 주권을 노렸어. 한일의정서••를 강제로 체결하여 대한제국을 일본의 보호국으로 만들어 버렸지. 그리고 군대를 주둔시켜 우리 영토를 전쟁의 군사 기지로 활용하고, 전쟁에 필요한 사람들과 물품들을 마구 빼앗았어.

러시아와 일본 사이에서 고통받는 우리나라(대한제국)의 모습을 그린 풍자화

우리나라는 청일전쟁에 이어 러일전쟁에서도 참전하지 않은 전쟁의 희생양이 되었어.

• 조선의 제26대 왕이었던 고종은 강한 독립 국가를 만들고자, 1897년 10월 12일 국호를 '대한제국'으로 바꾸고 고종 황제로 즉위했어.

•• 한일의정서는 1904년 2월 23일 일본과 대한제국 사이에 맺어진 약속이야. 약속의 내용은 겉으로는 대한제국의 독립과 안전을 보장하는 것처럼 보였지만, 실제로는 대한제국의 외교권을 제한하고 러일전쟁 수행을 위해 필요한 전략적 요충지를 마음대로 사용할 수 있는 권리를 얻는 등 한반도에 대한 지배권을 확보하기 위한 강압적인 불평등 조약이었어. 또한 외교 뿐만 아니라 정치, 재정 등의 대한제국 내정에 간섭할 수 있는 근거가 되어 결과적으로 국권을 빼앗아가는 첫 단계가 되었지. 독도를 불법으로 강탈하여 일본으로 편입하는데 악용된 조약이기도 해.

〈영국〉 일본을 도와 얄미운 러시아를 견제해야 해!

영국은 아시아에서 자꾸 세력을 넓혀가는 러시아를 그냥 두고 볼 수 없었어. 하지만 복잡한 외교관계 속에서 러시아와 직접적으로 충돌하기는 부담스러웠지. 그때 마침 아시아에서 새롭게 떠오르는 강국인 일본이 눈에 들어온 거야. 영국은 러시아를 견제하기 위해 1902년에 일본과 동맹을 맺었어. 이 동맹은 유럽과 아시아에서 영국의 이익을 지키기 위한 전략이었고, 일본을 통해 간접적으로 러시아 세력이 커지는 것을 막으려 한 거야. 당연히 러일전쟁에서 영국은 일본을 지지하고 전쟁 비용까지 지원했어.

〈미국〉 우리는 중립이야! 근데 실질적으로는 일본에 도움이 되었다고….

미국은 전쟁 초에 공식적으로 중립을 선언했어. 어느 편도 들지 않겠다고 한 거지. 하지만 일본이 전쟁에 필요한 대규모 자금을 적극적으로 빌려줬던 곳이 바로 미국의 금융기관들이야. 일본에 실질적인 도움을 준 자금이 미국을 통해 들어온 거지. 이를 두고 역사학자들은 미국이 자국의 이익을 위해 실제적으로는 일본의 편을 들었다고 이야기하고 있어.

〈프랑스〉 우리는 러시아를 응원해!

프랑스는 오래전부터 러시아와 동맹관계를 유지하고 있었어. 그래서 당연히 러시아를 지지했지. 하지만 직접적으로 전쟁에 뛰어들지는 않았고, 주로 외교적 지원과 자금을 지원했어. 아무래도 유럽 내에서의 균형을 유지하기 위해 신중하게 행동해야 했거든.

영국과 미국의 지원을 받은 일본이 러시아를 향해 칼을 겨누고 있는 모습의 조르주 비고의 〈러일전쟁〉 풍자화

러일전쟁이 남긴 것을 살펴볼까?

으하하! 이제 일본은 강대국이다!

일본은 러일전쟁에서 이겨서 강대국으로 인정받게 되었어. 이 전쟁은 아시아 국가가 서구 열강에 맞서 승리한 첫 사례로, 전 세계에서 큰 관심을 받았지. 전쟁은 1905년 9월 5일 미국의 중재로 포츠머스 조약이 체결되면서 공식적으로 끝났어.

그런데 이 조약은 단순히 전쟁을 끝낸 것 이상의 의미가 있어. 일본이 러시아로부터 대한제국에 대한 지배권을 인정받아 정치적, 군사적, 경제적 힘을 가지게 되었거든. 이후 1910년에는 강제로 병합하여 일본의 식민 지배 아래 놓았지. 또한 만주와 중국의 일부 지역에 대한 지배권도 강화했어.

포츠머스 조약은 미국 뉴햄프셔주 포츠머스에서 당시 미국 대통령 시어도어 루스벨트의 중재로 이루어졌어. 그는 이 일로 1906년에 노벨평화상을 받았어. 미국은 전쟁을 중재하면서 평화 협정을 만드는 데 중요한 역할을 했고, 국제적으로 더 인정받게 되었지. 그뿐만 아니라 일본과 좋은 관계를 맺어서 아시아에서의 무역과 경제 분야에서도 긍정적인 결과를 얻었어.

전쟁의 승패와 상관없이 양국 모두 피해를 입었어!

전쟁으로 러시아와 일본 두 나라의 많은 사람이 목숨을 잃고 다쳤어. 또한, 전쟁터가 된 만주와 한반도에 살던 사람들도 전투 중에 목숨을 잃거나 다치고 거주지를 잃고 피난길에 오르며 생존을 위협받았지. 전쟁이 끝난 후에도 파괴된 삶의 터전 속에서 오랜 기간 굶주림과 각종 질병에 시달려야 했어.

전쟁으로 철도나 다리, 항구 등도 다 파괴되었어. 다시 세우기 위해 어마어마한 돈이 들어갔고, 이는 고스란이 국민들의 경제적 부담이 되었단다.

특히 전쟁에서 패배한 러시아는 국제적으로 망신을 당한 것은 물론이고, 정치에 불만을 품은 국민들이 결국 혁명까지 일으켰지.

- "러시아 제국 정부는 일본이 한국에서 정치, 군사, 경제적으로 우월한 이익을 가지고 있음을 인정하며 일본제국 정부가 한국에서 필요하다고 생각되는 지도·보호·감독에 조치를 취하는 것을 방해하거나 간섭하지 않는다…." -포츠머스 강화조약 중에서-

전쟁 속 숨은 이야기

세계 최강의 러시아 발트함대는 왜 패배했을까?

러시아는 일본과 싸우기 위해 발트함대를 보냈어. 이 함대는 러시아의 유럽 지역에 있었기 때문에 일본과 싸우기 위해 무려 약 200여일 동안 3만km에 달하는 대장정을 거쳐야 했어. 결국 긴 항해로 지친 군인들과 상태가 좋지 않았던 군함 탓에 일본에 크게 지고 말았지. 이 전투는 러일전쟁의 승패를 갈랐다고 볼 정도로 중요한 전투였는데 말이야.

사실 여기엔 숨겨진 이야기가 있어. 발트함대는 발트해에서 출발해 북해와 대서양을 지나 아프리카의 희망봉을 돌아 인도양으로 이동했어.

만약 발트해에서 출발한 함대가 지중해로 가서 수에즈 운하를 통과했다면 어땠을까? 아마 훨씬 더 빨리 전투지에 도착할 수 있었을 거야. 그

발트함대의 이동 경로

랬다면 당연히 전투 준비도 잘하고 발트함대의 상태도 훨씬 나았을 텐데.

러시아도 그런 사실을 모르지 않았어. 그런데 왜 아프리카를 돌아가는 길을 선택했을까? 여기에는 여러 가지 이유가 있었어.

첫째, 당시 수에즈 운하 지역은 영국의 영향력이 아주 컸어. 일본과 영국이 동맹을 맺고 있었기 때문에, 러시아는 영국이 수에즈 운하로 배가 지나가는 것을 방해할 수도 있다고 생각했어. 둘째, 러시아 함대가 먼 거리를 이동하려면 연료와 식량을 보급받고 쉬어갈 수 있는 항구들이 필요한데, 아프리카 쪽에 이용할 수 있는 항구가 더 많았지.

마지막으로, 당시 수에즈 운하는 지금보다 폭이 좁고 깊이가 얕아서 큰 배가 안전하게 지나가기 어렵기도 했어.

결국 러시아는 아프리카 희망봉을 우회하는 긴 경로를 선택하게 됐던 거야.

그 많은 군수품을 어떻게 옮겼을까?

시베리아횡단철도는 러시아의 모스크바에서 출발해서 동쪽 끝에 있는 블라디보스토크까지 연결된 러시아의 중요한 철도 노선이야. 세계에서 손꼽히게 긴 노선 중 하나로, 1891년에 만들기 시작해서 1916년에 완성되었어. 이 철도는 군인들에게 필요한 물건들을 운반하는 데 매우 중요한 역할을 했어. 하지만 전쟁 당시에는 철도가 아직 완전히 완성되지 않았지.

특히 바이칼호수를 둘러싼 구간이 큰 문제였어. 깊은 고민에 빠진 러시아군은 꽁꽁 얼어붙은 호수 위에 임시 선로를 놓고 기차를 이동시키기도 했지만 잘되지 않았지. 그래서 도로나 강을 이용하거나 마차와 썰매로 물건을 옮겨야 하기도 했어. 하지만 이런 방법들은 느리고 불편해서 군인들이 필요한 물건을 제때 받지 못해 전투에 큰 어려움을 겪었단다.

일본을 승리로 이끈 약이 있었다고?

그 주인공은 바로 '정로환', 위장질환과 설사 예방 및 치료에 사용된 약이야. 러일전쟁 당시, 열악한 환경과 나쁜 수질로 인해 병사들이 설사와 같은 위장장애를 일으키는 일이 많았거든.

전쟁터에서 설사라니. 이거야말로, 전투력에 직접적인 타격을 줄 수 있는 일이잖아.

이를 해결하기 위해 일본군은 병사들의 위장 질환을 막을 약을 개발하는 데 힘썼어. 당시 개발된 약 중 하나가 '크레오소트환'인데, 이후 효과가 뛰어난 약으로 주목받아 '정로환'이라는 이름을 얻게 됐지. 정로환의 이름은 처음에 '칠 정(征), 로서아 로(露), 둥글 환(丸)', 즉 '러시아를 정복한 둥근 약'이라는 뜻이었어. 그러나 전쟁과 얽힌 이름이 논란이 되면서, 나중에 '칠 정(征)' 대신 '바를 정(正)'으로 바뀌었단다.

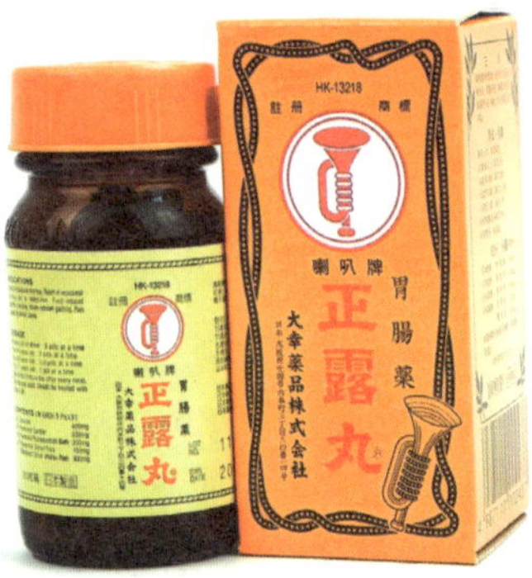

일본의 정로환

정로환은 러일전쟁에서 일본군의 병사

들이 설사와 같은 질환을 극복하고 전투에 집중할 수 있도록 도운 중요한 약이야. 이를 계기로 일본군은 의약품의 중요성을 깨닫고, 이후 의약품 개발과 관리 체계를 발전시키는 데 힘을 쓰게 되었단다.

전쟁 속 음악 이야기

러일전쟁이 일어났던 시기에 러시아는 큰 혼란을 겪고 있었어. 경제가 나빠져서 일자리를 잃는 사람이 많았고, 노동자들의 생활이 매우 힘들었지. 전쟁으로 상황은 더욱 악화되었고 말이야.

1905년 1월 22일(구력• 1월 9일), 러시아의 상트페테르부르크에서 수만 명 노동자와 그 가족들이 겨울 궁전으로 행진했어. 그들은 러시아의 황제(차르) 니콜라이 2세에게 더 나은 노동 조건과 정치적인 변화를 요구하는 청원서를 제출하려 했지. 사실 이때까지만 해도 러시아 사람들은 황제를 어버이와 같은 존재라고 믿고 있었어. 그래서 자신들의 사정을 헤아려 도와주기를 간청하려 모여든 거야. 하지만 평화롭게 시위했음에도 불구하고, 황제의 군대는 그들에게 총을 쏘았어. 이로 인해 수백에서 수천 명이 죽고 다치는 '피의 일요일'이라는 비극적인 사건이 일어났단다.

드미트리 쇼스타코비치

이 사건을 소재로 만들어진 음악 작품이 있어. 바로 드미트리 쇼스타코비치(1906~1975) 교향곡 11번이야. '1905년'이라는 부제가 붙은 이 교향곡은 대학

• 구력은 과거 러시아 제국이 사용하던 달력으로 율리우스력을 의미해. '피의 일요일' 사건은 당시 러시아 구력(율리우스력)으로 1월 9일이었지만, 현재 우리가 사용하는 양력(그레고리력)으로는 1월 22일이야.

살 사건을 생생하게 묘사하고 있어. 교향곡은 4악장으로 구성되어 있고, 각 악장은 역사적 사건과 감정을 음악으로 표현했단다.

- 1악장(아다지오-궁전 광장): 시위하기 전의 긴장감과 상트페테르부르크 겨울 궁전 광장의 차갑고 억압적인 분위기를 담고 있어.
- 2악장(알레그로-1월 9일): '피의 일요일'의 혼돈과 폭력을 생동감 있게 표현한 가장 극적인 부분으로, 강한 악기 소리가 총소리를 떠올리게 하지.
- 3악장(아다지오-영원한 기억): 대학살 희생자들을 애도하는 감정이 담긴 매우 애절한 부분으로, 시위자들과 그들의 가족들이 겪은 슬픔을 강조하고 있어.
- 4악장(알레그로 논 트로포-경종): 억압에 맞서 싸우려는 결의와 최후의 승리를 향한 강한 희망이 담겨 있어.

이 곡은 단순히 '피의 일요일'이라는 역사적 사건을 재현한 것이 아니야. 쇼스타코비치가 살던 1950년대 소련의 억압적인 상황에 대한 비판도 담고 있어. 당시 소련에서 정부를 비판하는 것은 매우 위험한 일이었지만, 쇼스타코비치는 이 교향곡을 통해 자신의 메시지를 음악으로 전했단다. 역사적 사건을 강력한 묘사와 풍부한 감성으로 음악 속에 잘 담아낸 이 곡은 지금까지도 많은 사람에게 큰 감동을 주고 있어.

음악 듣기 QR
(드미트리 쇼스타코비치 교향곡 11번)

네 생각은 어때?!

역사의 만약

러일전쟁에서 승리한 일본은 한반도에 대한 지배력을 더욱 강화했어. 1910년에는 대한제국을 강제로 병합하고 한반도를 자신들의 식민지로 만들었지. 이 시기를 거치며 일본은 군사력과 경제력을 급격히 키웠어. 강성해진 일본은 아시아 태평양 지역으로 세력을 확장했고, 결국 제2차 세계대전(태평양 전쟁)의 주요 침략국으로 참전하게 되었단다. 이렇듯 과거의 중요한 사건은 이후 역사에 큰 영향을 끼친단다.

만약 러일전쟁의 결과가 달랐다면 러시아와 일본은 각각 어떻게 되었을까?

러일전쟁에서 일본이 승리하지 않았다면, 우리나라의 역사가 어떻게 바뀌었을까?

역사에 '만약'은 없다지만, 혹시 꼭 바뀌었으면 하는 역사적 사건이 있니?

어떤 사건이고, 어떻게 바뀌었으면 좋겠어?

그렇게 바뀐다면 어떤 일이 생겼을지도 한번 생각해 볼까?

2장

제1차 세계대전 속에 숨은 갈등

1914~1918

1914년 7월 28일,
오스트리아-헝가리 제국이 세르비아를 침공하다!

제1차 세계대전은 1914년부터 1918년까지 약 4년 동안 이어진 대규모 전쟁이야. 이 전쟁은 1914년 7월 28일, 오스트리아-헝가리 제국이 세르비아를 공격하면서 시작되었어. 그 뒤 여러 나라들이 차례로 참전하면서, 마치 도미노가 쓰러지듯 전쟁이 퍼져 나갔지.

전쟁에 참여한 나라들은 크게 두 편으로 나뉘었어. 하나는 영국, 프랑스, 러시아 등이 포함된 연합국이고, 다른 하나는 독일, 오스트리아-헝가리, 오스만 제국 등이 속한 동맹국이야. 나중에 미국도 연합국 쪽에서 전쟁에 참여하며 전쟁 판도가 바뀌었고, 원래 동맹국이던 이탈리아가 전쟁 시작 직후 중립을 지키다 이후 연합국 쪽으로 옮겨가면서 동맹국 진영은 크게 흔들리게 되었지.

전쟁은 주로 유럽에서 벌어졌지만, 아프리카와 아시아 등 식민지들도 전쟁의 영향을 피할 수 없었어. 특히, 이 전쟁에서는 '참호전'이라는 새로운 전투 방식이 활용되었고, 전통적인 무기뿐만 아니라 기계 및 화학 무기도 많이 등장했어. 그래서 전쟁의 파괴력이 전과 비교할 수 없을 정도로 강했고, 피해도 아주 컸단다.

마침내 1918년 11월 11일, 연합국이 이기면서 전쟁이 끝났어. 전쟁은 군인들뿐만 아니라 일반 국민들의 생명도 많이 앗아갔고, 전쟁이 끝난 후 유럽의 많은 나라들은 경제와 사회 전반에서 큰 어려움을 겪게 되었지.

제1차 세계대전이 대학생이 쏜 두 발의 총성으로 일어났다고?

전쟁이 시작되기 한 달 전인 1914년 6월 28일, 오스트리아-헝가리 제국의 황태자와 그의 아내가 보스니아-헤르체고비나의 수도 사라예보에 방문했어. 그들은 군사 훈련을 보러 가는 중이었는데, 오픈카를 타고 지나가던 중 두 발의 총알이 날아와 그 자리에서 목숨을 잃었지.

총을 쏜 사람은 '가브릴로 프린치프'라는 19살의 세르비아계 보스니아 청년이었어. 그는 '검은 손'이라는 단체 소속이었는데, 이 단체는 모든 슬라브 민족의 단결을 추구하며, 슬라브 민족이 사는 보스니아가 오스트리아-헝가리 제국에 지배받는 것을 강하게 반대했단다. 이 사건을 '사라예보 사건'이라고 하고, 이는 오스트리아-헝가리 제국이 세르비아에 선전포고를 하게 만드는 결정적인 계기가 되었어. 그리고 각국의 동맹체계에 따라 여러 나라가 전쟁에 참여하며, 제1차 세계대전이라는 어마어마한 전쟁이 벌어지고 만 거야.

하지만 전쟁의 씨앗은 그보다 훨씬 전부터 자라고 있었어. 그 무렵 세계의 강한 나라들은 더 많은 땅과 자원을 차지하려는 식민지 쟁탈전을 하고 있었어. 그래서 나라들 사이의 갈등이 많아졌고, 전쟁을 대비해 서로 동맹을 맺기도 했지.

영국, 프랑스, 러시아는 삼국협상을 맺었어. 이에 맞서 독일, 오스트리아-헝가리 제국, 이탈리아는 삼국동맹을 맺어 팽팽한 긴장감을 만들었지.

전쟁의 시작점이 된 발칸반도[•]는 여러 민족과 종교가 얽혀 있는 복잡한 지역이었어. 이곳에 사는 슬라브 민족은 오랫동안 오스만 제국의 지배를 받았는데, 점점 자유와 독립을 꿈꾸는 움직임이 활발해졌지. 그래서 오스트리아-헝가리 제국이 보스니아를 정복하려고 하자, 적개심이 커지고 결국 암살 사건으로 이어진 거야.

사라예보 사건(암살 사건)의 이탈리아 신문 삽화(1914.07.12.)

• 발칸반도는 유럽의 남동쪽에 위치한 지역으로, 여러 민족과 종교가 섞여 있어 '유럽의 화약고'라고 불릴 정도로 갈등이 많은 곳이야. 이 지역은 그리스, 불가리아, 세르비아, 크로아티아, 보스니아-헤르체고비나, 몬테네그로, 알바니아 등 여러 나라로 나뉘어 있지.

전쟁 당사국들의 이야기를 들어볼까?

전쟁의 시작

오스트리아가
세르비아를 침공하다니!
약속한 대로 우리는 세르비아
편에서 싸울 것을 선포한다!
전쟁이다!
러시아
우리의 동맹국인
러시아가 전쟁에 참여한다면
우리도 도와야지!
우리와 국경을 맞대고 있는
독일이 분명 우리를 공격할 거야.
침착하게 방어할 준비를
하라!
프랑스
러시아, 프랑스, 영국에
이번 전쟁에 나서지 말라고
요청했는데, 거절당했어.
전쟁이다!
프랑스를 점령하기 위해
벨기에부터 공격한다!
독일
벨기에는 우리의
주요 교역국이자 중립국이야!
중립국을 침략하는 건
엄연히 선을 넘는 행동이라고.
도저히 참을 수 없다!
전쟁이다!
영국

전쟁 진행 중

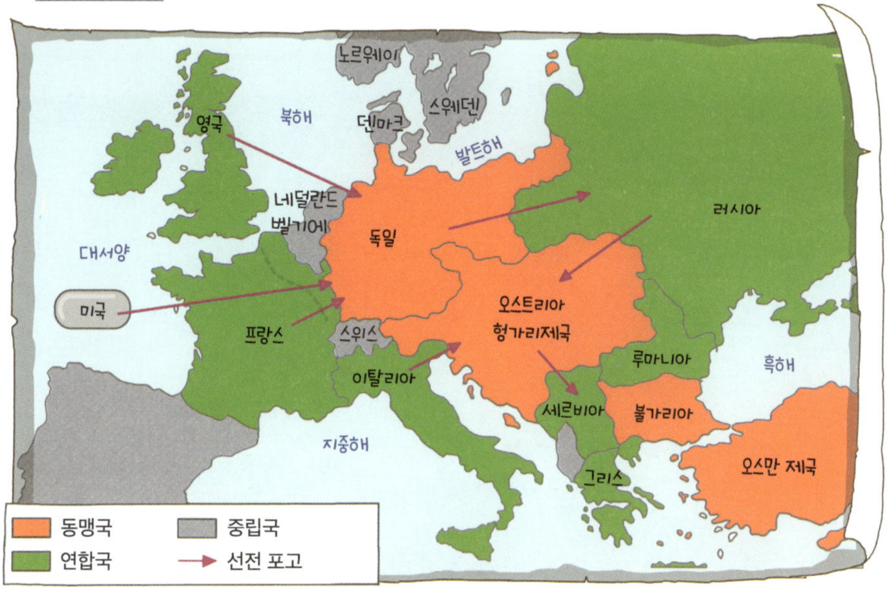

제1차 세계대전 세계지도

빠르게 끝날 줄 알았던 전쟁은 벨기에에서 스위스까지 이어진 전선에서 4년간이나 참호전으로 계속되었어.

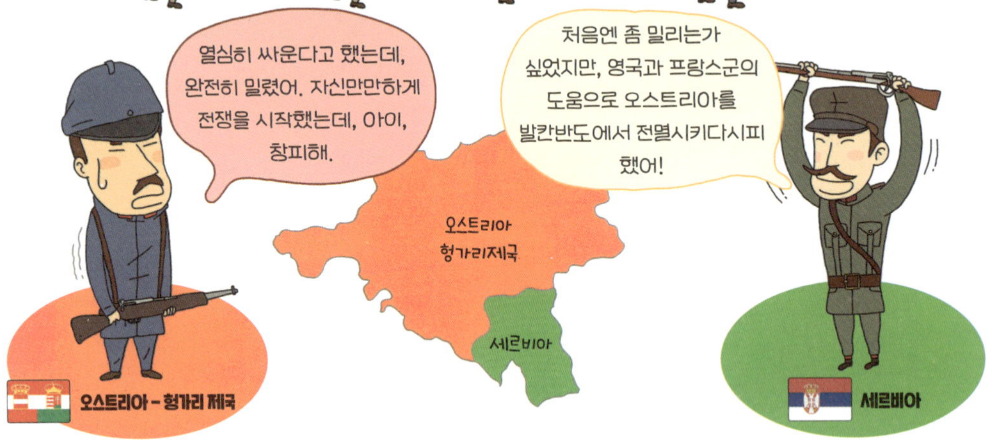

동부전선

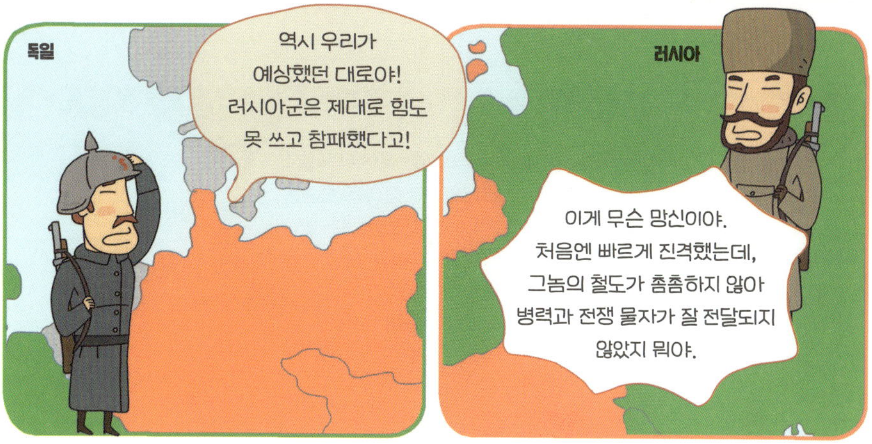
독일
역시 우리가 예상했던 대로야! 러시아군은 제대로 힘도 못 쓰고 참패했다고!
러시아
이게 무슨 망신이야. 처음엔 빠르게 진격했는데, 그놈의 철도가 촘촘하지 않아 병력과 전쟁 물자가 잘 전달되지 않았지 뭐야.

전쟁 막바지

영국
하하하, 우리 해군의 전력을 봤냐? 독일의 항구는 물론, 싸우는 데 필요한 석유나 구리 같은 자원 공급도 다 막아 버렸다고!
독일
못 참아! 이제 무제한 잠수함 작전이다! 영국과 연합국의 배라면 그게 군함이든 민간인 여객선이든 모조리 공격하라!
펑
펑
야, 독일! 영국에서 미국으로 가던 여객선 '루시타니아호'를 침몰시켜? 우리 국민이 128명이나 목숨을 잃었다고!
미국
미안, 미안! 설마 전쟁에 참여하려는 건 아니지? 우리가 잘못했어. 더 이상 민간인이 탄 배는 공격하지 않을게. 약속해!
독일

저대로 두면 안 되겠는데? 얼른 멕시코에 전보를 보내자. 우리 편을 들어 미국과 싸워주면 미국에 빼앗겼던 땅을 돌려주겠다고 하면 분명 우리 편이 될 거야.
독일
미안. 우린 지금 전쟁할 때가 아니야. 지금 우리나라 안에도 문제가 많다고. 우린 중립! 중립으로 있겠어!
멕시코
야! 미국! 우리 정보국에서 독일의 비밀 전보를 해독했거든. 이것 좀 봐야겠는데? 너희 이래도 전쟁 참전 안 할래?
영국
이게 뭐야! 멕시코더러 우리 미국을 공격하라고 하다니! 루시타니아호 사건 때 한 번 참아 줬건만. 이젠 못 참아! 우리도 참전한다!
미국
우리는 이제 전쟁에서 손 뗀다! 나라 안에서 혁명이 일어났어. 국민의 뜻에 따라 전쟁은 이제 그만해야겠어. 독일, 우리 빨리 평화 조약 맺자!
러시아
아이고, 우리도 더는 못 견디겠다. 군인은 물론이고 노동자들까지 전쟁을 중단하라고 난리야. 해군 병사들이 반란까지 일으켜서 황제와 귀족들 모두 외국으로 도망쳤어! 즉각 항복! 이제 전쟁 끝!
독일

세계 각국이 참전한 인류 역사상 첫 세계 대전이었어!

제1차 세계대전은 유럽의 주요 국가들만의 싸움이 아니었어. 전쟁은 유럽을 넘어 전 세계로 퍼졌지.

유럽 강대국들은 자신의 식민지에서 병사들을 징집해 전선으로 보냈고, 식민지에서 필요한 자원도 전쟁에 동원했어. 예를 들어, 프랑스와 영국은 아프리카 식민지에서 많은 병사들을 데려왔고, 아시아에서는 인도 출신 병사들이 전쟁터에 투입됐지.

이렇게 전쟁은 단순히 유럽에 국한되지 않고, 말 그대로 온 세상이 휘말린 진짜 세계 전쟁이 되었던 거야.

우리는 연합국 편!

이탈리아는 원래 독일, 오스트리아-헝가리와 삼국동맹 관계였어. 하지만 나중에 연합국과 비밀스럽게 이야기하고 연합국 편에 서기로 했지. 연합국에서 자기네 편에 서면 과거 오스트리아-헝가리 제국에 뺏겼던 이탈리아 땅을 돌려주기로 약속해 줬거든.

동아시아 내에서 힘을 키우고 싶었던 일본도 연합국 편에 섰고, 중국도 잃었던 권리를 되찾기 위해 영국 편에 합류했어. 실제로 전쟁이 끝난 후 일본은 승리한 나라가 되어 강한 나라로 성장했지.

아랍 사람들은 힘을 합쳐 하나의 큰 왕국을 세우기 위해 연합국을 도왔어.

영국의 식민지였던 인도 사람들은, 전쟁이 끝나면 자치권이나 독립을 얻기를 바라며 싸웠단다.

그리스와 포르투갈도 연합국 편에 섰는데, 주로 영토 문제나 동맹 관계 때문이었지.

우리는 동맹국 편!

독일과 오스트리아-헝가리 제국 편에 선 나라는 오스만 제국과 불가리아였어. 오스만 제국은 러시아가 남쪽으로 세력을 넓히는 것을 막으려고 했고, 불가리아는 세르비아를 조심해야 했기 때문이야. 하지만 안타깝게도 오스만 제국은 전쟁에서 지고 결국 나라가 해체되고 말았단다.

제1차 세계대전이 남긴 것을 살펴볼까?

다시는 이런 전쟁이 일어나지 않도록 꼭꼭! 약속해!

전쟁 이후, 미국의 윌슨 대통령은 전쟁으로 파괴된 세계를 정비하고 앞으로 다시 이런 참혹한 전쟁이 일어나지 않도록 14개의 평화 원칙을 제안했어.

그러면 14개조 평화 원칙의 주요한 내용을 살펴볼까?

1. 모든 국가 간의 외교 활동은 공개적으로 이루어져야 한다.
2. 모든 국가는 평화 시기뿐만 아니라 전쟁 시기에도 해상에서 자유롭게 항해할 수 있어야 한다.
3. 국가 간의 경제적 장벽을 없애고, 서로 같은 조건에서 공정한 무역을 해야 한다.
4. 세계 평화 유지를 위해 자기 나라를 지킬 최소한의 수준으로 군비를 줄여야 한다.
5. 식민지 나라들의 자결권을 존중하며, 식민지 문제를 공정하게 처리해야 한다.
6~13. 국경은 민족적 기준에 따라 조정되어야 하며, 각 민족은 자신들의 일을 직접 결정할 수 있도록 자치와 독립을 보장해야 한다.
14. 지속적인 세계 평화 유지를 위한 모든 국가가 참여하는 국제연맹(League of Nations)을 설립해야 한다.

이 원칙들은 전쟁에서 이긴 나라만의 이익을 대변하는 것이 아니라 국가 간의 협력과 평화를 강조하고 있어. 세계 평화를 위한 내용이라 세계인의 주목을 받았고 오늘날까지도 그 가치를 인정받고 있지.

만세! 많은 나라가 민족 자결주의 덕분에 독립했어!

윌슨 대통령은 '민족 자결주의'라는 중요한 원칙을 제안했어. 이 원칙은 '각 민족이 자신의 일을 스스로 결정하게 하고, 다른 나라가 간섭하지 않아야 한다'라는 내용이야. 식민 지배를 받는 민족이 독립을 원하면 독립할 수 있다는 뜻이지. 이 원칙 덕분에 많은 나라들이 독립을 이뤘어.

전쟁에서 패한 독일 제국은 해체되어 바이마르 공화국이 되었고, 오스트리아-헝가리 제국은 여러 개의 독립 국가로 나뉘었어. 오스만 제국도 터키 공화국을 비롯한 여러 나라가 독립했지. 러시아 제국은 러시아 혁명으로 무너져서 소비에트 사회주의 공화국 연방(소련)이 만들어졌고 말이야. 이렇게 제국들이 해체되면서 많은 민족이 원하는 대로 독립할 수 있었고, 폴란드, 체코슬로바키아, 유고슬라비아 같은 새로운 나라가 탄생하기도 했어.

민족 자결주의는 일본의 식민 지배를 받던 우리나라에도 영향을 주었어. 1919년 한국 학생들이 도쿄에서 발표한 2.8 독립 선언과 이후 3.1 운동에 이 원칙이 큰 원동력이 되었지.

하지만 아쉽게도 이 원칙이 모든 나라에 공평하게 적용되지는 않았어. 패전국의 식민지에는 적용되었지만, 승리한 영국과 프랑스, 그리고 일본의 식민지는 그대로 두었던 거야. 그래서 우리나라는 독립할 수 없었어.

아무리 그래도 이건 좀 심한 거 아냐?

베르사유 조약은 제1차 세계대전이 끝난 후인 1919년 6월 28일, 프랑스 베르사유 궁전에서 독일과 미국, 영국, 프랑스를 포함한 연합국 사이에 체결된 평화 조약이야. 이 조약에서는 전쟁의 책임이 모두 독일에 있다고 말하며, 독일이 다시 전쟁을 일으키지 못하도록 여러 가지 규제를 담았지.

우선 독일은 알자스-로렌을 포함한 국경 지대의 땅을 프랑스에 돌려줘야 했고, 폴란드와 덴마크 등 주변 국가에도 일부 영토를 넘겨줘야 했지. 그리고 해외에 있던 식민지도 모두 포기해야 했어. 탱크, 전투기, 잠수함 같은 무기를 가질 수 없게 되었고, 군함과 군대의 숫자도 많이 줄이고 징병제도 없애야 했지.

또한, 승리한 나라들에게 20년 안에 1,320억 마르크라는 큰 돈을 배상금으로 내야 했어. 이 금액은 당시 독일 국민 총생산*의 2년 치에 해당하고, 지금으로 치면 약 300조 원 이상 되는 엄청난 돈이었어.

이렇게 땅도 잃고 여러 가지 제한을 받으니, 독일 사람들은 많이 힘들어하며 큰 분노를 느꼈어. 이 분노는 나중에 나치가 등장하고 제2차 세계대전이 일어나는 불행한 역사의 촉진제가 되었지.

국제 평화를 위해 함께 뭉치자!

제1차 세계대전이 끝난 후 1920년, 나라들 사이에 평화를 지키고 전쟁을 막기 위한 국제 단체가 만들어졌어. 그 이름은 국제연맹이야. 이 단체는 미국의 윌슨 대통령이 제안했는데, 아이러니하게도 미국은 국제연맹에 참여하지 않았어!

* 국민총생산(GDP)은 한 나라에서 1년 동안 사람들이 만든 모든 물건과 서비스의 가치를 합친 걸 말해. GDP가 크면 그 나라에서 물건과 서비스를 많이 만들었다는 뜻이고, 작으면 덜 만들었다는 뜻이지. 주로 한 나라의 경제가 얼마나 잘 돌아가고 있는지를 알려주는 기준으로 사용되지.

처음에는 전쟁에서 진 독일과 오스만 제국, 그리고 러시아 혁명 이후 만들어진 소련은 가입하지 못했어. 이후 독일은 1926년에, 그리고 소련은 1934년에 국제연맹에 가입했지. 하지만 국제연맹은 세계 곳곳에서 일어난 많은 분쟁을 해결하지 못했고, 몇몇 나라들이 연맹에서 탈퇴하면서 점점 힘을 잃었어.

결국 제2차 세계대전이 시작된 1939년에 국제연맹은 사실상 활동을 멈췄고, 전쟁이 끝난 뒤에는 새로운 단체인 유엔(UN)이 만들어지면서 국제연맹은 공식적으로 해체되었단다. 국제연맹은 오늘날 유엔의 전신이야.

전쟁의 두 얼굴! 유럽은 무너지고 미국은 대박이 났다고?

제1차 세계대전으로 유럽 나라들은 막대한 피해를 입고 심각한 경제난에 시달렸어. 전쟁 때문에 파괴된 도시와 공장을 다시 일으키기 위해 천문학적인 복구 비용이 필요했지. 하지만 이미 전쟁 중에 많은 돈을 쓴 데다 미국에 빚까지 진 상태였어.

반면에 미국은 전쟁에서 거의 피해를 입지 않았어. 전쟁 초기에 중립을 지키며 유럽에 무기와 식량 같은 전쟁 물자를 팔아 큰돈을 벌었거든. 전쟁 덕분에 오히려 경제가 더 성장하고 많은 부를 얻었지. 이렇게 미국은 세계의 강한 나라로 떠올랐어.

전쟁으로 인해 큰 상처를 입고 무너진 유럽과 세계 무대에 강대국으로 입지를 다진 미국! 이때 발생한 경제적, 정치적 힘의 변화는 지금의 세계 질서를 형성하는데 결정적인 영향을 주었단다.

전쟁 속 숨은 이야기

국민의 열렬한 환송 속에 소풍 가듯 전쟁터로 향했던 병사들

우리는 지금 전쟁이 얼마나 무섭고 위험한 것인지 알고 있어. 하지만 그 당시 사람들은 전쟁을 적을 물리치고 나라의 명예를 지키는 애국적인 멋진 일이라고만 생각했지. 게다가 대다수 사람은 1914년 여름에 시작된 전쟁이 금방 끝나 크리스마스 전에는 돌아올 것으로 예상했어. 그래서 애국심이 가득한 병사들은 국민의 환호를 받으며 마치 소풍 가듯 가벼운 마음으로 전쟁터로 떠났다고 해.

하지만 실제 제1차 세계대전은 4년 넘게 계속되었고, 많은 사람의 목숨을 앗아간 정말 끔찍한 전쟁이었지. 결국 사람들은 잔인한 현실을 경험하며 전쟁에 대한 환상이 잘못되었다는 것을 깨닫게 되었단다.

크리스마스에 일어난 작은 기적!

1914년 크리스마스, 제1차 세계대전이 한창이던 서부전선에서 작은 기적이 일어났어. 이를 '크리스마스 정전(Christmas Truce)'이라고 불러. '정전'은 전쟁을 잠시 멈춘다는 뜻인데, 이 사건은 양국의 공식적인 합의가 아닌, 영국군과 독일군 병사들이 자발적으로 일으킨 비공식적인 휴전이었지.

독일군이 참호에 크리스마스트리를 세우고 촛불을 밝히며 캐럴을 부르자, 영국군도 캐럴로 화답했던 거야. 그러고 나서 크리스마스를 축하

하는 인사가 양쪽 참호에서 울려 퍼졌지. 얼마 지나지 않아 양측 병사들이 무인 지대에서 만나 이야기를 나누고, 음식, 담배, 술, 단추나 모자 등을 서로 선물하기도 했어. 심지어 축구 경기까지 열렸지. 이 크리스마스 정전은 서부전선 곳곳에서 일어났는데, 그 기간 동안 전사자들을 서로 수습하기도 했고, 어떤 곳에서는 독일과 영국 병사들이 함께 장례식을 치르기도 했어. 이렇게 참혹한 전쟁 속에서도 인간의 따뜻함과 평화를 바라는 마음을 보여주는 감동적인 순간이었어.

1915년에도 일부 지역에서 비슷한 정전이 있었지만, 1916년부터는 더 이상 이루어지지 않았어. 전쟁이 계속되고 군사적 긴장이 커지면서 이런 인간적인 교류는 사라지게 되었던 거야.

멋쟁이들의 패션 아이템! '트렌치코트'의 시작은 영국군으로부터?

혹시 트렌치코트를 알고 있니? 가을에 입는 겉옷 중 하나로, 멋쟁이들의 필수 아이템이라고 할 수 있지.

놀랍게도 트렌치코트는 제1차 세계대전 당시 영국군의 군복에서 시작되었어. 사실 '트렌치코트'라는 이름 속의 '트렌치(trench)'는 '참호'라는 뜻이거든. 즉, 이름 그대로 참호에서 입는 코트라는 뜻이지.

트렌치코트는 특별한 기능과 실용성 덕분에 전쟁터에서 큰 역할을 했어. 우선 방수 기능이 있어서 참호처럼 습하고 비가 많이 오는 곳에서도 몸을 잘 보호할 수 있도록 디자인되었어. 또 군인들의 활동성을 높이기 위한 기능도 추가되었는데, 예를 들어 벨트는 장비를 달 수 있게 만들었고 어깨의 견장은 군 계급을 나타내는 데 활용되었지.

전쟁이 끝난 뒤, 이러한 기능성과 세련된 디자인 덕분에 트렌치 코트는 일상에서 널리 활용되었으며, 많은 사람의 사랑을 받으며 오늘날까지 명성을 이어오고 있어.

파시즘(Fascism)과 나치즘(Nazism)이라는 위험한 정치 사상이 등장했어!

제1차 세계대전이 끝난 후, 이탈리아와 독일에서는 경제가 어려워지고 정치가 불안해졌어. 이 때문에 '파시즘'과 '나치즘'이라는 극단적인 정치 사상이 생겨났지.

이탈리아는 전쟁에서 승리했지만, 전쟁이 끝난 후에도 경제가 힘들고 사회가 불안했어. 이때 베니토 무솔리니라는 사람이 이끄는 파시즘이 나타났어. 파시즘은 강한 정부와 지도자를 중요하게 여기고, 군대와 국가를 강조하는 사상이야. 무솔리니는 파시스트 정부를 만들고 이탈리아를 강하게 통제했지.

한편, 독일은 전쟁 후 많은 경제적 부담을 지게 되면서 정치가 불안해졌어. 이때 아돌프 히틀러라는 사람이 등장했어. 그는 나치즘이라는 사상을 퍼뜨렸는데, 이 사상은 유대인을 차별하고 증오하는 반유대주의, 개인보다 국가가 중요하다는 사상인 국가주의 등을 포함하고 있지.

히틀러는 1933년에 독일 총리가 된 후, 빠르게 권력을 잡고 나치 독재 정권을 세웠어. 그리고 인종차별적 사상을 더욱 강화했단다.

전쟁 속 여성 인권

제1차 세계대전은 지루하고 무서운 전쟁이었지만, 여성의 권리에 큰 변화를 불러온 전쟁이기도 해. 이 전쟁은 여성들이 전통적인 역할에서 벗어나 사회에서 더 많은 활동을 할 수 있는 기회를 주었어.

전쟁 전 여성들은 대부분 집에서 집안일과 아이 돌보기에만 집중해야 했어. 그들이 사회에서 할 수 있는 일이 매우 제한적이어서, 선거에 참여할 권리도 없었고 직업을 선택할 기회도 적었지.

하지만 제1차 세계대전은 모든 국가가 전쟁을 위해 힘을 모아야 하는 상황이었거든. 그래서 많은 남자들이 전쟁터로 나가야 했고, 평소에 남자들이 하던 일자리가 비게 되었지. 이 빈자리를 여성들이 채우게 된 거야.

1918년 7월에는 731만 명 이상의 여성이 돈을 벌기 위해 일했어. 중산층 이상의 여성들은 사무실에서 일했고, 다른 여성들은 군수공장에서 총과 탄약을 만들거나 농사일을 했어. 간호사로서 부상자들을 돌보기도 했고, 버스나 기차를 운전하는 역할도 맡았지. 이렇게 여성들은 남성 못지않은 능력을 보여주었고, 그 덕분에 여성의 사회적, 법적 지위가 점점 좋아지기 시작했어.

전쟁 전후로 여성 참정권을 위해 앞장선 유명한 여성 인권운동가

에멀린 팽크허스트(Emmeline Pankhurst)

난 여성들에게도 투표할 권리인 '참정권'이 필요하다고 주장했어. 여성들은 제1차 세계대전 동안 남성들이 전쟁 때문에 비운 자리를 채웠어. 밤낮없이 군수품을 만들기도 했지. 아이들을 돌보고 집안일을 하면서 말이야!

나는 1903년에 '여성사회정치연합(WSPU)'이라는 단체를 만들었어. 우리는 시위와 행진을 하고, 단식 투쟁까지 하며 국가에 투표권을 요구했지.

우리들의 노력으로 영국에서는 1918년에 여성들이 제한적인 참정권을 얻게 되었어! 그리고 마침내 1928년에는 남성과 동등한 완전한 참정권을 얻었지! 만세!

앨리스 폴(Alice Paul)

난 미국의 여성 참정권 운동가야. 많은 여성과 우리를 지지하는 남성들과 한 목소리를 내기 위해 '전국여성당(NWP)'라는 단체를 만들었어. 그리고 영국의 여성 참정권 운동가들과 함께 활동한 경험을 바탕으로, 미국도 여성에게 투표권을 줘야 한다고 강하게 주장했지.

1917년부터는 백악관 앞에서 '침묵의 파수꾼들'이라고 불리는 여성 시위단을 조직해 계속해서 시위했어. 우리는 여성들이 투표할 수 있는 권리를 얻기 위해 헌신적으로 노력했지.

결국 1920년에 미국 헌법 수정 제19조가 통과되어 미국의 여성들은 투표권을 얻게 되었어. 만세!

네 생각은 어때!

전쟁이 발전시킨 과학과 의료 기술

제1차 세계대전(1914-1918)은 과학 기술이 전쟁의 모습과 결과에 얼마나 큰 영향을 미쳤는지를 잘 보여주는 전쟁이야. 이 전쟁에서는 화학 무기가 처음으로 사용되었지. 독가스 말이야.

1915년에 독일이 처음으로 염소가스를 사용하자, 양쪽 모두 전쟁에 독가스를 사용하기 시작했어. 그래서 사람들은 방독면 같은 보호장비를 만들었지. 그리고 정찰용 비행기에 폭탄을 장착하면서 전투기와 폭격기가 생겼고, 하늘에서의 전투가 많아졌어. 영국은 1916년 솜 전투에서 처음으로 탱크를 사용했는데, 이는 기계 기술을 군사 전략에 활용한 대표적인 예였단다.

전쟁 중 효율적인 소통을 위해 무선 통신과 전화 기술도 발전했어. 또 많은 사람이 다치면서 응급 의학과 수술 기술이 크게 좋아졌지. 그 외에도 많은 병력과 물자를 준비하기 위해 기계화와 대량 생산 기술, 철도와 물류 시스템이 발달했어.

제1차 세계대전은 발전된 과학 기술 덕분에 이전 전쟁보다 훨씬 더 잔혹하고 힘든 전쟁이 되었어. 하지만 그 과정에서 많은 과학이 발전했고, 전쟁이 끝난 후에는 이러한 기술들이 사람들의 삶을 더 안전하고 편리하게 만들어 주었단다.

과학은 어떻게 사용하느냐에 따라 인류에게 큰 선물을 안겨 주기도 하고,
큰 재앙을 일으키기도 해. 요즘은 인공지능과 로봇공학 등의 첨단 과학의 발달로
우리의 삶이 크게 변화하고 있어.
그런데 만약 인간의 삶을 풍요롭게 하는 인공지능 로봇이 전쟁 중 살상용 로봇으로
사용된다면 어떨 것 같아?

인류의 평화를 위해 과학은 어떻게 발전해야 할까? 네 생각은 어때?

3장

스페인 내전 속에 숨은 갈등

1936~1939

1936년 7월 17일, 모로코에서 프란시스코 프랑코 장군이 쿠데타를 일으키다!

스페인 내전은 1936년부터 1939년까지 스페인에서 일어난 전쟁이야.

1931년, 스페인에서는 왕이 나라를 다스리는 왕정이 무너지고, 국민이 대표를 뽑아 정치를 하는 제2공화국이 시작되었어.

공화국 정부는 사회를 더 나은 방향으로 바꾸기 위해 여러 가지 새로운 정책과 개혁을 시도했어. 예를 들어, 땅을 농민들에게 나눠주거나, 교회의 권력을 줄이는 등의 변화를 추진했지. 하지만 이 변화는 군대, 교회, 큰 농장주들과 같은 권력을 가진 사람들의 반발을 불렀어.

이렇게 나라 안에서의 갈등은 1936년 7월에 프란시스코 프랑코 장군이 이끄는 군사 반란으로 이어졌고, 결국 공화국 지지 세력(공산주의자와 사회주의자, 자유주의자, 무정부주의자 등)과 프랑코를 중심으로 한 국민당 지지 세력(주로 군인, 보수주의자, 교회 관계자 등)으로 나뉘어 전국적인 내전으로 확대되었어.

스페인 내전은 스페인 내부의 문제를 넘어 국제적으로도 큰 관심을 받았어. 나치 독일과 이탈리아는 프랑코를 도와 자신들의 독재 정권을 넓히려고 했고, 반대로 소련(지금의 러시아)은 공화국 측을 지원했지. 심지어 전쟁에 직접 관계없는 여러 나라에서 온 자원봉사자들이 자유와 평등의 가치를 위해 공화국을 위해 싸우기도 했어.

1939년 4월, 내전은 프랑코의 승리로 끝났어. 그 후 프랑코는 1975년까지 독재자로 스페인을 통치했어.

스페인 내전은 같은 민족끼리 싸운 전쟁이라고?

스페인 내전은 이념, 계급, 종교 등의 갈등이 얽혀서 같은 민족끼리 싸운 슬픈 사건이야.

1930년대 스페인에서는 여러 집단의 서로 다른 생각으로 갈등이 커지고 있었어.

정치적으로는 농민과 노동자를 돕고 싶어 하는 공화당의 공화주의자들과, 기존 권력을 지키려는 군대, 교회, 대지주를 지지하는 국민당의 민족주의자들이 있었지.

경제적으로는 빈부 차이가 컸어. 농촌에서는 몇몇 큰 농장주가 대부분의 땅을 차지했고, 대다수 농민은 매우 가난했지. 도시에서는 산업이 발전했지만 노동자들의 생활은 나아지지 않았어.

종교 문제도 갈등을 키웠어. 공화주의자들은 교회의 권력을 줄이려고 했고, 민족주의자들은 교회의 힘을 계속 유지하려고 했지.

국내 갈등에 외국 나라들까지 개입했어. 독일의 히틀러와 이탈리아의 무솔리니는 프랑코를 도와 국민당을 지원하며 자신의 파시스트 정권을 강화하려 했고, 소련은 공화주의자들에게 무기와 병력을 보냈단다.

이렇게 정치, 경제, 종교 문제에 외국의 힘까지 더해지면서, 스페인 사람들끼리 싸우는 동족상잔의 비극이 시작되고 말았어.

공화국 정부와 반란군 이야기를 들어볼까?

전쟁 배경

좌파? 우파?

좌파와 우파는 정치에서 사람들의 생각이나 의견이 다를 때 쓰는 말이야. 이 말은 프랑스 혁명 때부터 시작되었어. 그 당시 국회에서 사람들은 의회에 앉을 때, 정치적 입장에 따라 자리를 나누었거든.

좌편에는 혁신과 변화를 원하는 사람들이 앉았어. 이들은 더 나은 사회를 만들기 위해 평등과 사회적 개혁을 주장했지. 그래서 변화와 혁신을 좋아한 이 그룹을 '좌파'라고 부르게 되었어.

반면, 우편에는 전통을 지키고 싶어 하는 사람들이 앉았어. 이들은 지금까지 이어져 온 왕이나 귀족 같은 기존의 권력을 지키고 싶어 했지. 그래서 변화를 두려워하고 안정이 중요하다고 생각한 이 그룹을 '우파'라고 부르게 되었어.

이런 식으로 사람들이 어떤 생각을 더 중요하게 여기는지에 따라 좌파와 우파로 나뉘게 되었는데, 이 말은 지금까지 정치에서 널리 사용되고 있어.

전쟁 중

1936년 7월 13일, 스페인에서 중요한 우파 지도자 '호세 칼보 소텔로'가 공화당 무장 경비원에게 살해되는 사건이 발생했어. 이 사건은 이미 공화당과 국민당으로 팽팽하게 긴장되어 있던 스페인의 상황을 더 불안하게 만들었지. 그리고 공화당 정부를 무너뜨리려고 계획하고 있던 장군들에게 좋은 기회를 주었어. 그래서 1936년 7월 17일에 프란시스코 프랑코 장군이 다른 장군들과 함께 군사 쿠데타를 일으켰단다. 이 군사 반란은 전국으로 빠르게 퍼졌고, 결국 스페인 국민들 간의 거대한 전쟁인 스페인 내전이 시작된 거야.

전쟁 막바지

공화당

국민당

내전이라며? 왜 이렇게 많은 나라가 개입했지?

스페인 내전은 스페인 안에서만 벌어진 싸움이 아니었어. 다른 나라들도 자신들의 이익을 위해 전쟁에 깊이 관여했거든.

우선 소련은 공화당 정부를 도와 무기, 비행기, 탱크, 전쟁 전문가 등 많은 군사 물자를 지원했지. 소련은 스페인에서 민족주의가 퍼지는 것을 막고, 공산주의 영향력을 키우고 싶어 했단다.

이런 지원은 공화당에 큰 도움이 되었지만, 소련이 자꾸만 공화당의 정치와 전략에 간섭하려고 해서 내부 갈등이 생기기도 했어.

반면 독일과 이탈리아는 국민당을 지지했어. 히틀러가 이끄는 나치 독일은 유명한 콘도르 군단을 포함해서 비행기, 탱크, 병력 등 많은 군사 지원을 했지. 놀랍게도 독일은 스페인 전쟁을 제2차 세계대전에 대비해 새로운 군사 전술과 장비를 시험해 보는 연습 무대로 삼으려 했단다.

무솔리니의 이탈리아도 비행기, 탱크와 함께 수만 명의 병력을 지원했어. 실제로 이탈리아군은 많은 전투에 직접 참여하기도 했지. 이는 이탈리아가 자국의 군사력을 자랑하고, 유럽에서 파시스트 이념을 확산하려는 목적에서였단다.

이런 독일과 이탈리아의 지원은 프랑코가 이끄는 국민당의 승리에 큰 역할을 했어. 하지만 영국과 프랑스는 스페인 내전에 개입하지 않기로 했어. 두 나라는 스페인 내전이 더 커져서 유럽 전체가 전쟁에 휘말릴까 봐 걱정했거든. 그래서 양쪽 모두에 간섭하지 않겠다고 했지. 물론 이것은 정부의 공식적인 입장이었고, 많은 사람은 공화당을 지지하고 싶었어. 결국 전쟁에 간섭하지 않겠다는 두 나라의 전략은 공화당에게 도움이 되지 않았고, 오히려 독일과 이탈리아의 지원을 받은 국민당에 더 유리하게 작용하고 말았지.

같은 편 군인들끼리 말이 안 통했다고?

이 전쟁에는 파시즘에 맞서 싸우고 공화당을 도와주겠다는 강한 의지

제15국제여단

를 가진 자원봉사자들이 있었어. 이 사람들을 '국제여단'이라고 불러. 그들은 미국, 영국, 프랑스 등 50여 개 나라에서 자발적으로 모여서 공화당과 함께 싸웠지.

국제여단의 활동은 공화당의 사기를 높여 주었고, 필요한 인력을 보충하는 데 큰 도움이 되었어. 하지만 여러 나라에서 모인 사람들이라 서로 언어 소통이 어려웠고, 군사 훈련도 제대로 받지 못해 조직력이 약했어. 게다가 서로 다른 정치적인 갈등 때문에 내부에서 문제가 생기기도 했지.

스페인 내전이 남긴 것을 살펴볼까?

전쟁으로 50만 명 이상의 사람들이 목숨을 잃었어. 여기에는 전투 중에 죽은 사람들뿐만 아니라 폭격이나 처형, 보복으로 희생된 일반 사람들도 포함돼.

또한 집과 도시가 완전히 망가졌어. 스페인 전체가 황폐해졌고, 경제도 큰 손해를 입었지. 스페인이 다시 일어서는 데는 긴 시간이 걸렸고, 전쟁이 끝난 후에도 식량과 일자리가 없는 상황이 계속되었어. 수십만 명에 달하는 스페인 사람들이 난민이 되어 주로 프랑스로 피난을 갔고, 더 많은 사람이 자국 내에서 떠돌아다니게 되었어.

스페인 내전은 다른 나라에도 큰 영향을 미쳤어. 내전이 끝난 지 5개월 후인 1939년 9월 1일에 제2차 세계대전이 시작됐거든. 스페인 내전에서 사용된 공중 폭격과 기계 전쟁 같은 새로운 기술과 전술은 이후 제2차 세계대전에서 널리 사용되며 전 세계를 공포에 몰아넣었지.

전쟁이 끝난 후 프랑코의 독재 정권이 들어섰어. 모든 권력이 군대와 교회에 집중되었고, 정당과 노동조합은 금지됐어. 사람들의 자유도 많이 제한되었지. 언론의 자유는 침해되고, 사람들의 사생활은 감시당했어. 반대하는 사람들은 무자비하게 처벌당했지. 이렇게 강한 정치적 억압은 스페인의 정치, 사회, 경제, 문화에 많은 영향을 미쳤어.

1975년 프랑코가 죽은 뒤, 스페인은 비로소 민주화의 길로 나아가기 시작했어. 하지만 독재 정권의 아픈 기억은 여전히 스페인 사람들에게 큰 상처로 남아 있어. 이 상처를 치유하고, 화해하고 극복하기 위해 스페인은 지금도 노력 중이야.

전쟁 속 숨은 이야기

우리도 싸울 수 있어! '밀리시아나(Miliciana)'

'밀리시아나'라는 용어는 스페인 내전 당시 국민당에 맞서 공화당 편에서 싸운 여성을 가리키는 말이야. 그들은 지식인, 노동자, 농민, 학생 등 다양한 민간 여성들로 이루어진 군사들이었고, 대부분 젊었어.

그들은 공화당이 추구하는 평등과 사회 정의에 대해 강한 동기를 얻고

스페인 내전 중 공화당의 민병대 여성들

전투에서 다양한 역할을 맡으며 적극적으로 참여했어. 일부는 군인으로서 최전선에서 싸웠고, 또 일부는 간호사, 요리사, 조직자 등 지원 역할을 맡았어. 하지만 그들이 전쟁에 참여하는 건 쉽지 않았어. 당시 사회에는 여성이 전투에 나서는 것을 받아들이지 않는 편견과 성차별이 강하게 남아 있었거든.

그럼에도 밀리시아나는 스페인 역사상 처음으로 여성이 전투에 적극적으로 참여하여 전통적인 성 역할에 도전했다는 것에 큰 의미가 있어. 양성평등과 사회 변화를 위한 노력을 상징적으로 보여 줬으니까.

전쟁 때문에 고향을 떠난 사람들

"나그네여, 길은 없다네. 걸어가면서 길이 만들어지는 것이라네. 뒤를 돌아보았을 때, 다시는 밟을 수 없는 그 길을 보게 된다네."

이 문장[•]은 스페인의 대표적인 시인 중 한 명인 안토니오 마차도(Antonio Machado)가 난민들의 상실감과 쉴 곳 없는 안타까운 처지에 대해 사무치게 표현한 구절이야. 본인도 프랑스로 피난을 가야 했거든. 그때의 경험이 시 속에도 절절하게 묻어나.

스페인 내전 당시 많은 사람이 폭력과 혼란을 피해 고향을 떠나야만 했어. 이들을 전쟁 난민이라고 해. 난민 중에는 군인, 여성, 어린이, 노인을 포함한 민간인 등 다양한 사람들이 있었어. 이들 중에는 스페인 내전에서

• 안토니오 마차도〈Caminante, no hay camino 가노라면 길이니〉의 시구 원문을 이해하기 쉽게 정리하여 인용했어.

승리한 국민당 사람들도 있었고, 패배한 공화당 사람들도 있었어. 하지만 대부분은 패배한 공화당을 지지했던 사람들이었어. 그들은 프랑코 장군이 이끄는 국민당의 승리를 앞두고, 자신의 생명과 가족의 안전을 지키기 위해 피난을 떠났어.

그들은 어디로 갔을까? 가장 많이 향한 곳이 바로 프랑스였어. 특히 1939년 초, 전쟁이 끝날 무렵 수십만 명의 난민이 국경을 넘어 프랑스로 갔던 이 대규모 탈출은 '라 레티라다'(La Retirada, 철수)라고 해.

일부 난민들은 멕시코, 아르헨티나, 칠레 등 중남미 국가로 망명을 신청하여 새로운 삶을 시작했고, 소수는 영국과 소련과 같은 다른 유럽 국가로 향하기도 했지.

하지만 난민들의 삶은 매우 힘들었어. 식량, 깨끗한 물, 적절한 쉼터 등 기본적인 생필품조차 부족한 열악한 난민 캠프에서 생활해야 했고, 많은 가족이 흩어졌지. 사람들은 일자리를 찾고 삶을 유지하기 위해 고군분투해야 했단다.

전쟁 속 예술가들

"내전은 전쟁이 아니라 병이다. 적이 내 안에 있고, 사람들은 자기 자신과 싸운다."

프랑스의 작가 생텍쥐페리가 한 말이야. 이런 내전을 겪으며 많은 예술가는 자기만의 방식으로 전쟁의 참혹함을 알렸어.

생텍쥐페리

소설 《어린 왕자》, 《야간비행》 등으로 가장 잘 알려진 프랑스 작가 생텍쥐페리는 스페인 내전 당시 기자로 일하고 있었어. 그는 내전을 취재하러 프랑스 신문사의 전쟁 특파원으로 스페인에 파견되었지.

그는 그곳에서 전쟁으로 인한 파괴와 인간의 고통, 혼란 등 전쟁의 참혹한 현실을 직접 목격했어. 그가 스페인 내전 자체에 대해 글을 쓰진 않았지만, 전쟁 이후 그의 작품 속에 그때의 경험과 관찰이 영향을 미쳤다는 것을 알 수 있어.

혜밍웨이

소설 《노인과 바다》와 《무기여 잘 있거라》로 유명한 미국 작가 헤밍웨이는 스페인 내전과 깊은 관계가 있어. 그는 내전 동안 북미 신문 연합의 전쟁 기자로 일했거든. 그래서 1937년부터 1938년 사이에 여러 번 스페인을 방문하며 전쟁을 취재했어.

헤밍웨이는 공화당 편의 지지자였어. 그는 단순히 취재하는 것에 그치지 않고, 공화당의 뜻을 알리기 위해 다큐멘터리 영화 《스페인 대지(1937)》를 만들고 해설도 도왔어. 공화당을 돕기 위한 의료 지원 기금을 모으기도 했지.

게다가 전쟁에서 본 잔인함과 영웅적인 이야기들을 바탕으로 소설도 썼어. 《누구를 위하여 종은 울리나(1940)》라는 제목의 이 소설은 주인공 로버트 조던이 게릴라 전사들과 함께 적의 보급로를 끊기 위해 다리를 폭파하는 이야기야. 작가가 직접 전쟁을 경험했기 때문에 사실적으로 잘 묘사되었고, 잔혹한 전쟁 속에서도 희생과 사랑, 대의를 위해 용기를 내는 인간의 존엄성을 잘 담고 있어. 그래서 이 작품은 문학적으로도 역사적으로도 중요한 의미를 지니고 있단다.

조지 오웰

소설 《동물농장》으로 유명한 영국 작가 조지 오웰은 1936년 스페인 내전에 자원하여 참전했어. 그는 당시 반파시스트 운동에 깊은 감명을 받고 동참하기 위해 스페인으로 가서 민병대에 합류했어.

그는 《카탈로니아 찬가》라는 책에, 내전에서 겪은 전투와 참호 생활, 부상과 치료 과정 등 전쟁의 잔혹함을 생생하게 기록했어. 더불어 공화당 내부 좌파 세력 간의 분열과 배신, 소련의 개입 등 혼란스러웠던 정치 상황도 이야기했지. 그리고 이때 생긴 반전체주의• 적 생각이 《동물 농장(1945)》과 《1984(1949)》와 같은 그의 후속 작품에 큰 영향을 미쳤어.

피카소

파블로 피카소는 스페인에서 태어난 화가이자 조각가로, 20세기 가장 유명한 예술가 중 한 사람이야.

특히 그는 입체파를 만들어낸 화가로 아주 유명하지. 그의 그림 중

• 반전체주의는 국가가 개인보다 앞선다고 주장하는 '전체주의'에 반대하는 사상이야. 개인의 자유와 권리를 중요하게 생각하며, 민주주의와 법의 규칙 안에서 살아야 한다고 강조하지.

하나인 〈게르니카〉는 스페인 내전의 이야기를 담고 있어. 이 그림은 게르니카 폭격 사건을 그린 그림으로, 폭격으로 인해 고통받은 사람들과 동물들의 슬픔과 끔찍한 상황을 그린 거야.

1937년 4월 26일, 스페인 바스크 지방의 게르니카 마을이 독일과 이탈리아 전투기에 의해 폭격당했어. 마을 전체가 공격당하면서, 민간인 수백 명이 목숨을 잃었지.

피카소는 폭격이 일어나기 전인 1937년 1월, 스페인 공화당 정부로부터 파리 국제 박람회 스페인관 벽화를 그려달라는 요청을 받았어. 그런데 몇 달 뒤, 게르니카 폭격 사건이 일어난 거야.

이 충격적인 소식을 들은 피카소는 전쟁의 끔찍함과 사람들의 고통을 담은 그림을 그려야겠다고 생각했지. 그는 가로 약 7.8m, 세로 약 3.5m 크기의 엄청나게 큰 그림인 〈게르니카〉를 1937년 6월에 완성했단다.

그림에는 혼란스럽고 끔찍한 이미지가 가득해. 황소, 말, 여성, 어린이, 잘린 시체 등 고통과 파괴의 장면이 그려져 있어. 이 그림은 흑백으로 표현되어 더 암울하고 슬프게 느껴지지.

〈게르니카〉는 파리 박람회에 전시되어 많은 사람의 관심을 받았고, 전쟁의 참혹함과 스페인 국민의 고통을 상징하는 작품이 되었어. 지금도 〈게르니카〉는 전쟁의 슬픔과 반전(전쟁 반대)을 상징하는 중요한 작품으로 여겨지고 있단다.

네 생각은 어때?!

우리가 서로 다른 생각을 할 때

스페인 내전은 같은 나라 안에서 서로 다른 생각을 하는 사람들이 충돌하여 발생한 사건이야. 사실 우리도 가족들이나 친구들과 서로 의견이 맞지 않아 갈등을 겪을 때가 있잖아.

사람들이 서로 다른 생각을 가질 때, 어떻게 하면 싸우지 않고 문제를 해결할 수 있을까? 다음 상황에서 어떻게 갈등을 해결할 수 있을지 대화를 완성해 보자.

1. 학교 끝나고 친구와 놀기로 했는데, 하고 싶은 놀이가 다르면?

나 오늘 뭐 할까? 나는 축구하고 싶어!

친구 그래? 근데 나는 축구보다 농구가 더 재밌는데….

나 ______________________________

친구 좋아! 그렇게 하자!

2. 주말 저녁, 가족들과 음식을 시켜 먹기로 했어. 그런데 너랑 동생이 원하는 음식 종류가 다르다면?

나 우리 피자 시켜요. 어제부터 피자가 너무 먹고 싶었다고요.

동생 나는 짜장면이랑 탕수육이 더 먹고 싶단 말이야.

아빠 그만! 너희들 계속 그러면 안 시켜 준다!

나 ______________________________

동생 오, 좋은 생각이야! 그렇게 하자!

3. 학교에서 짝과 함께 주제를 정해 발표하는 과제가 생겼어. 그런데 친구와 내가 발표하고 싶은 주제가 다르다면?

나 우리 프로젝트 주제를 '다양한 음식'으로 하는 것 어때?

친구 나는 '바다'가 더 재밌을 것 같아. 바다에 사는 여러 동물과 식물에 대해 알아 보고 싶어!

나 ______________________________

친구 와, 그거 좋은 아이디어네! 그렇게 하자.

4. 우리 지역에 유명한 카페가 생겼대. 집에서는 좀 먼 곳이지만 맛있는 커피와 빵을 먹을 수 있는 곳이라는 소문을 듣고 왔는데, 아이는 들어갈 수 없다고?

엄마 우리 아이는 떠들지 않고 조용히 빵만 먹을 건데요.

가게 주인 그래도 카페 원칙이라 이해해 주세요.

나 너무해요. 빵 먹으려고 멀리에서 일부러 찾아온 거예요.

가게 주인 그랬구나. 하지만 그동안 아이들이 와서 소란을 피워 다른 손님들이 불편해하셔서 우리도 어쩔 수 없단다.

나 ______________________________

가게 주인 좋아! 그렇다면 내가 다시 생각해 보지!

4장

제2차 세계대전 속에 숨은 갈등

1939~1945

1939년 9월 1일, 독일이 폴란드를 침공하다!

제2차 세계대전은 1939년부터 1945년까지 일어난 큰 전쟁이야. 제1차 세계대전 때처럼 전 세계의 많은 국가가 참전했지. 전쟁에 참여한 나라들은 크게 연합국과 추축국, 이렇게 둘로 나눌 수 있어. 연합국의 주요 국가는 미국, 영국, 소련, 프랑스, 중국이었고, 추축국의 주요 국가는 독일, 이탈리아, 일본이었어. 이 외에도 많은 나라들이 각각 연합국과 추축국에 가입해 서로 대립했단다.

전쟁은 1939년, 히틀러가 이끄는 독일이 폴란드를 침공하면서 시작되었어. 이에 다른 국가들도 독일에 선전포고하며 맞섰지. 1941년 일본이 진주만에서 미국을 공격했고, 이로써 미국도 전쟁에 참전하게 되었어.

제2차 세계대전 중에는 유럽뿐 아니라 아시아와 아프리카에서도 수많은 전투가 벌어졌어. 전쟁은 수많은 도시를 파괴하고 땅을 황폐화했으며, 군인은 물론 민간인까지 수백만 명을 죽음으로 이끌었어. 《안네의 일기》로 우리에게도 잘 알려진 유대인 강제수용과 학살도 이 전쟁의 비극 중 하나란다.

전쟁은 1945년 연합국의 승리로 끝났어. 이후 다시는 세계 대전이 또 일어나지 않도록 평화를 향한 국제적인 노력이 지속되고 있어. 이렇게 제2차 세계대전은 세계 질서를 크게 바꾼 역사상 중요한 사건이었단다.

제2차 세계대전의 원인이 독일 나치 히틀러 때문만은 아니라고?

'제2차 세계대전'을 생각하면 가장 먼저 떠오르는 사람이 아돌프 히틀러일 거야. 하지만 전쟁이 일어난 이유는 히틀러 한 사람 때문만은 아니었어. 히틀러라는 독재자가 힘을 가질 수 있었던 여러 배경이 있었거든.

먼저, 제1차 세계대전 이후 독일이 맺은 베르사유 조약을 기억해? 이 조약 때문에 독일은 막대한 전쟁 배상금을 내야 했고, 땅도 빼앗기고 군대도 줄여야 했잖아. 이로 인해 독일 경제는 무너졌고, 사람들은 일자리를 잃었지. 돈의 가치가 떨어져 화폐 한 장으로 빵 한 개도 살 수 없게 되었단다. 사람들은 나빠지는 생활에 불만이 쌓여 갔지. 이때 독일에 손을 내민 나라가 미국이었어. 유럽은 제1차 세계대전의 후유증으로 힘들었지만, 미국은 전쟁 물자를 팔고 돈을 빌려주면서 오히려 부유한 나라가 되었거든. 그렇게 미국의 도움 덕분에 독일 경제도 다시 살아나고, 세계도 안정이 찾아오는 것 같았어.

하지만 그렇게 승승장구하던 미국에 1929년 대공황이 일어났어. 은행이 문을 닫고, 기업들은 무너졌단다. 그 영향으로 미국과 경제적으로 연결된 많은 나라들도 힘들어졌지. 수많은 사람이 일자리를 잃고 하루 끼니조차 걱정하며 살아야 했어.

이런 상황에서 이탈리아, 독일, 일본 같은 나라들은 이러한 경제 문제를 스스로 해결할 방법이 없다고 생각했지. 이들은 넓은 식민지도 없고,

튼튼한 자본주의 기반도 없었거든. 사람들은 변화를 절실하게 원했고, 다른 나라를 침략해 경제와 사회 문제를 해결하겠다고 약속하는 독재자들을 지지하게 되었어. 이때 등장한 독재자들이 바로 독일의 아돌프 히틀러, 이탈리아의 베니토 무솔리니, 그리고 일본의 군부 지도자들이었던 거야.

당시 세계 평화를 위한 국제기구인 '국제연맹'이 있었지만, 침략을 막기에는 무력했어. 독일은 오스트리아를 병합하고 체코슬로바키아 일부를 차지했으며, 이탈리아는 에티오피아를 침공했지. 일본은 이미 1931년 만주를 점령한 데 이어 1937년에는 중국 본토로 침략을 확대했어. 이때 국제연맹은 아무런 힘도 쓸 수 없었어. 오히려 이들 국가는 국제연맹에서 탈퇴하기까지 했어.

이런 일들로 세계는 점점 긴장 상태로 치달았고, 결국 1939년 독일이 폴란드를 침공하면서 제2차 세계대전이 시작되었지.

전쟁 당사국들의 이야기를 들어볼래?

전쟁의 시작

제2차 세계대전의 시작

전쟁 진행 중

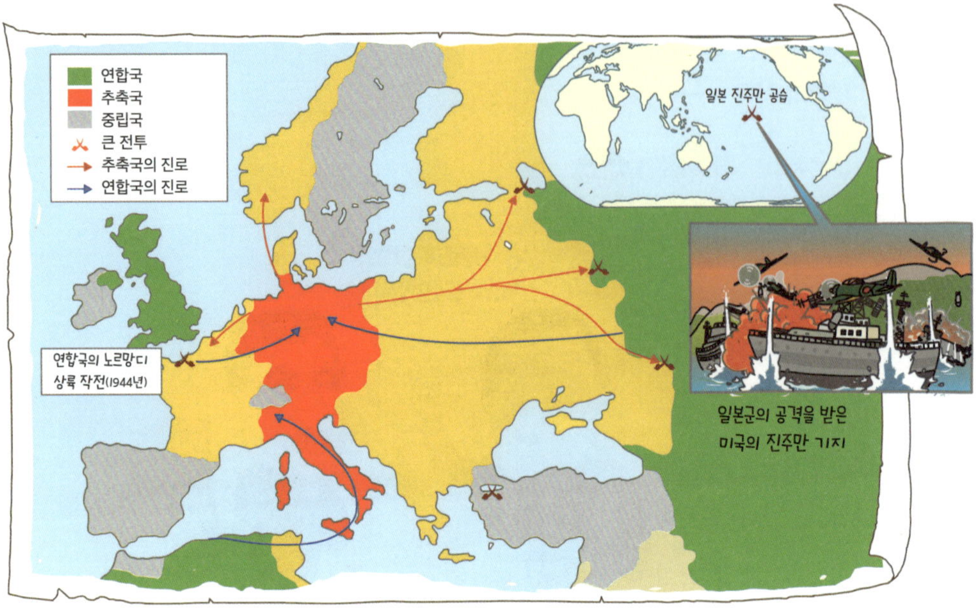

제2차 세계대전 전개 지도

마지노선이 정말 튼튼한걸? 그래도 분명 빈틈이 있을 거야. 그렇지! 북쪽 아르덴 고원엔 마지노선이 없잖아.
아르덴 고원
독일
프랑스
빈틈이라니! 아르덴 고원은 딱 봐도 울창한 숲이라고. 여길 어떻게 넘어오겠어? 그래서 마지노선을 거기엔 안 만든 거라고.
우리 독일을 뭐로 보고! 최강의 기갑 부대로 숲을 밀고 들어간다! 하하하! 뚫었다! 프랑스 별거 아니네. 별 저항도 없이 우리가 수도 파리를 점령했다고!
진짜로 밀고 들어오잖아. 항복! 그나저나 독일과 휴전하고 나치 독일과 협력하는 사람들이 늘어났어. 어쩌지? 하지만 영국으로 망명해서 저항운동을 하는 사람도 있었다고!
이제 영국으로 출발! 근데 우리의 기세에 눌려 휴전하자는 거 아냐?
휴전은 무슨! 영국 국민이여! 만발의 준비로 전쟁을 대비합시다!
공군들이여! 영국의 수도 런던과 주요 군사시설을 날려 버려라!
칫! 그렇다고 우리가 당하고 있을 것만 같냐? 우리 공군에는 너희보다 더 좋은 비행기와 조종사들이 있다고!
아이고, 안 되겠다. 영국 공군 너무 세잖아. 일단 공격 중지!

동부전선

소련과는 원래
싸우지 않기로 했지만,
우크라이나의 곡창 지대와
코카서스의 유전이 너무 탐나!
소련 국경을 넘어 쳐들어가자!
독일
뭐야, 독일!
약속도 안 지키고!
우린 준비가 전혀 안 됐단 말이야.
모스크바와 레닌그라드가
포위되었지만, 절대 내 줄 수 없어.
반격이다!
러시아
금방 끝날 줄 알았더니
끝까지 싸우네.
그럼, 스탈린그라드로
쳐들어가자.
스탈린그라드
무슨 일이 있어도
스탈린그라드를 꼭 지켜야 한다!
독일군을 포위하고
공격을 퍼붓자!

태평양 전쟁● (제2차 세계대전의 확산)

● 1941년 12월 7일

전쟁 막바지

1945년 5월 독일 항복

끝까지 저항하던 일본은 미국의 원자폭탄 투하와 소련의 참전 결정으로 항복

전쟁을 끝내고 세계 평화를 지키기 위한 논의(참여국 각국의 입장)

제2차 세계대전이 남긴 것을 살펴볼까?

제2차 세계대전은 수천, 수백만 명의 사망자가 발생한 인류 역사상 가장 큰 전쟁 중의 하나야. '세계 대전'이라고 불리는 대규모 전쟁이다 보니 전쟁 후 전 세계에 걸쳐 다양한 변화가 일어났어.

국제연합(UN) 만들어졌고 냉전이 시작되었어!

제2차 세계대전이 끝난 뒤, 세계는 다시는 이런 큰 전쟁이 일어나지 않도록 국제적인 협력 기구가 필요하다고 생각했어. 그래서 1945년 10월 24일, 51개국이 모여 세계 평화와 안전을 지키기 위한 단체인 국제연합(UN)을 만들었지. 지금은 거의 모든 나라가 UN의 회원국으로 참여하고 있어. 이들은 평화, 인권, 개발지원, 기후변화 같은 여러 문제를 해결하기 위해 열심히 노력하고 있단다.

전쟁 후, 세계는 다시 긴장하기 시작했어. 미국과 소련이 강한 나라로 떠오르면서 세계를 둘로 나누는 냉전 시대가 시작됐거든. 미국은 자본주의와 민주주의를 대표했고, 소련은 공산주의와 사회주의를 대표했어. 둘은 직접적으로 전쟁을 하진 않았지만, 서로를 견제하기 위해 군사력을 키우고, 우주 경쟁을 하거나 제3세계• 국가의 전쟁을 각각 지원하면서 간접적으로 충돌했지.

• 제3세계는 냉전 시대에 등장한 개념이야. 세계를 크게 세 가지 그룹으로 나누어 제1세계는 미국과 그 동맹국들, 제2세계는 소련과 그 동맹국들, 그리고 이 두 진영에 속하지 않는 나라들을 제3세계라고 불렀어.

한편, 독일은 동독과 서독으로 나뉘었고, 많은 동유럽 나라들은 소련의 영향을 받아 공산주의 나라가 되었지. 일본은 미국이 점령해서 민주주의와 평화 헌법을 도입했어.

유럽의 경제를 다시 살리자!

미국은 전쟁으로 힘들어진 유럽의 경제를 다시 살리기 위해 '마셜 플랜'을 시작했어. 이 계획의 공식 이름은 '유럽 경제 회복 프로그램'이었는데, 당시 미국의 국무장관 마셜의 이름을 따서 마셜 플랜이라고 해.

그런데 미국이 왜 유럽의 경제를 도와주려고 이렇게 발 벗고 나섰을까? 미국은 자본주의와 민주주의를 대표하는 나라야. 그래서 전쟁으로 힘들어진 유럽 나라들을 빨리 경제적으로 회복시켜서 안정적으로 만들고, 공산주의가 퍼지는 걸 막으려고 한 거야. 마셜 플랜은 1948년부터 1952년까지 약 4년 동안 진행되었고, 많은 유럽 나라들이 참여했어.

이 프로그램 덕분에 유럽은 빠르게 경제를 회복하며 나라들끼리 협력할 수 있었지. 이 협력은 나중에 유럽연합(EU)이라는 중요한 단체를 만드는 첫걸음이 되었단다. 그리고 미국 입장에서도, 유럽 나라들과의 관계가 더욱 좋아졌어. 서로 돕고 협력하면서 지금의 미국과 유럽 동맹의 시작이 된 거야.

하지만 마셜 플랜이 모든 유럽 나라들에 적용된 것은 아니었어. 소련과 공산주의 국가들은 이 계획에 참여하지 않았지. 왜냐하면 이 나라들은 미국의 영향을 받는 것을 싫어했거든. 그래서 유럽은 점점 두 진영으로 나뉘게 되었어.

★ 서유럽: 미국과 협력하며 경제 성장을 이룬 나라들.

★ 동유럽: 소련과 협력하며 공산주의를 따른 나라들.

이렇게 마셜 플랜은 유럽의 회복에 큰 도움이 되었지만, 냉전 시대를 만드는 데도 영향을 줄 수밖에 없었단다.

전 세계적으로 인권에 관한 관심이 높아졌어!

전쟁 동안 많은 여성이 학교나 회사, 공장 등 사회에서 활발하게 활동하게 되었고, 그 덕분에 여성의 역할과 권리에 대한 생각이 바뀌었어. 그리고 홀로코스트•와 같은 대량 학살과 전쟁 문제에 대한 국제적 관심도 높아졌어. 1945년 11월에는 독일 뉘른베르크에서 역사상 처음으로 전쟁을 일으킨 범죄자들을 처벌하는 전범 재판이 열리기도 했단다. 전쟁을 일으키고 사람들을 죽인 전쟁 범죄자들을 국제법에 따라 처벌한 거야.

다시는 이런 끔찍한 일이 일어나지 않도록, 인종, 민족, 종교 등의 차이로 특정 집단을 괴롭히고 죽이는 것을 범죄로 규정했어. 이를 위해 국제 인권법이 마련되었고, '제노사이드 방지 협약' 같은 구체적인 국제 조약들이 만들어 졌지. 이러한 국제 규범들은 인권 보호의 기초를 마련하고, 각 나라들이 인권을 존중하며 이를 지키지 않으면 엄중히 처벌해야 한다는 약속이야. 이러한 법과 협약을 통해 인권이 침해되지 않도록 노력

• 제2차 세계대전 중 나치 독일에 의한 대규모 유대인 학살을 말해. 약 600만 명의 유대인이 생명을 잃었고, 로마인, 장애인, 정치적 반대자, 동성애자 등 다른 소수 집단도 피해를 보았지.

해야 하고, 만약 인권이 침해된다면 반드시 책임을 져야 해.

전쟁 중에 과학은 더욱 발전했다고?

전쟁 중에 원자폭탄이 개발되고 사용되면서 세상은 핵무기의 시대에 들어섰어. 냉전 시기 내내 미국과 소련은 서로의 군사력을 비교하며 핵무기를 계속 만들었어. 이런 분위기 속에서 많은 나라가 자국의 힘을 키우기 위해 핵무기 개발에 힘을 쏟았지.

그런 군사 경쟁 속에서 컴퓨터, 통신, 레이더, 제트 엔진 같은 새로운 기술도 빠르게 발전했단다. 많은 사람이 목숨을 잃은 전쟁 속에서 과학이 발전하고, 그 기술이 전쟁 후 사람들에게 도움을 주었다니, 참 아이러니하지?

전쟁 속 숨은 이야기

'맨해튼 프로젝트'와 원자폭탄(오펜하이머, 아인슈타인)에 대해 들어봤니?

1939년, 미국의 루스벨트 대통령은 한 통의 편지를 받았어. 그 편지는 유명한 과학자 아인슈타인과 실라드가 보낸 것이었지. 내용은 독일이 원자폭탄이라는 새로운 강력한 무기를 만들고 있다는 경고였어. 이 편지를 계기로 1942년에 맨해튼 프로젝트가 시작된 거야.

이 프로젝트는 독일보다 먼저 원자폭탄을 만들기 위해 아주 비밀스럽게 진행됐단다. 뛰어난 물리학자 오펜하이머가 프로젝트를 이끌었고, 많은 과학자가 팀을 이루어 함께 연구했어. 그리고 1945년 7월 16일, 뉴멕시코 사막에서 '트리니티 실험'이라는 세계 최초의 원자폭탄 실험이 성공적으로 이루어졌어.

같은 해, 루스벨트 대통령의 뒤를 이은 트루먼 대통령은 원자폭탄을 사용해서 일본을 항복시키고 제2차 세계대전을 끝내기로 결심했어. 결국, 1945년 8월 6일과 9일에 '리틀보이'와 '팻맨'이라는 이름의 원자폭탄이 각각 히로시마와 나가사키에 떨어졌고, 일본은 항복했단다. 세계대전이 끝난 것은 정말 다행이었지만, 원자폭탄의 위력과 피해는 엄청났어. 수십만 명의 사람들이 목숨을 잃었고, 도시 전체가 파괴되었지.

살아남은 사람들도 방사성 물질에 노출되어 여러 병에 시달리게 되었어. 이 상황을 지켜본 전 세계 사람들은 핵무기의 위험성을 깨닫고, 핵전쟁을 막기 위한 국제적인 노력을 시작하게 되었단다.

태평양 전쟁을 승리로 이끈 극비의 전략: 암호를 해독하라!

1942년, 태평양에서는 미국과 일본이 전함, 전투기, 잠수함을 동원해 치열하게 싸우고 있었어. 만약 이때 상대방의 계획과 전략을 미리 알 수 있다면 얼마나 좋을까? 그럼 승리할 확률이 훨씬 높아질 거야. 그래서 우리 편의 메시지는 절대 적에게 읽히면 안 되고, 적의 메시지는 반드시 알아내려고 노력해야 했지.

일본군은 'JN-25'라는 복잡한 암호를 사용해서 비밀을 지켰어. 미국의 특수 암호 해독팀은 일본군의 계획을 알아내기 위해 열심히 암호를 해독하려고 했지. 그러다가 일본이 'AF'라는 곳을 기습하려고 한다는 것을 알게 됐어. 문제는 'AF'가 어디인지 찾는 거였지. 미국은 'AF'가 미드웨이섬일 거라고 추측했어. 이를 확인하기 위해 미드웨이섬에 담수가 부족하다는 가짜 메시지를 보냈어. 그리고 곧 일본의 무선 통신에서 'AF에 담수 부족'이라는 내용이 들려왔지. 이렇게 'AF'가 미드웨이섬이라는 걸 확실히 알 수 있었단다.

그 덕분에 미국 해군은 일본의 기습을 미리 알게 되었고, 한발 앞서 전투에 대비할 수 있었지. 결국 미드웨이 해전에서 큰 승리를 거두었고, 이 전투는 태평양 전쟁의 흐름을 바꾸는 중요한 역할을 하게 되었어.

전쟁 속 말! 말! 말!

마지노선

혹시 '마지노선'이라는 말을 들어본 적 있니?

예를 들어, 엄마가 "네가 방 청소를 끝내야 하는 마지노선은 내일까지야!"라고 말할 수도 있어. 여기서 '마지노선'은 더는 미룰 수 없는 마지막 한계선을 말해. 즉 최후의 방어선, 꼭 지켜야 하는 마지막 선이라는 의미야. 얼핏 보면 사자성어처럼 보이는 이 말은, 영어로 Maginot Line이라고 하는데, 프랑스가 제1차 세계대전 이후 독일의 침략에 대비해 만든 국경 방어선에서 유래한 말이야. 이 방어선을 만든 프랑스 육군 장관 안드레 마지노의 이름을 따서 붙여졌단다.

마지노선은 오랜 시간과 많은 돈을 들여서 만든 아주 튼튼한 방어 시설이었어. 제1차 세계대전에서 참호전으로 힘든 전투를 치른 프랑스는 전쟁에서 튼튼한 방어 시설이 얼마나 중요한지 알게 되었지. 그래서 전쟁이 끝난 뒤, 마지노선을 만들었단다. 그곳엔 최신 기술을 이용해 만든 깊은 땅속 요새, 강력한 대포, 그리고 병사들이 쉴 공간까지 마련되어 있었지.

프랑스 사람들은 이 방어선이 있으면 독일군을 완벽하게 막을 수 있다고 자신했단다.

하지만 1940년, 독일은 프랑스의 예상과는 달리 마지노선이 없는 아르덴 고원을 지나서 쳐들어왔어. 마지노선만 믿고 있던 프랑스는 너무 쉽게 수도 파리를 빼앗기게 되었지. 그래서 실제로 마지노선은 최후의 방어선 역할을 거의 하지 못했어.

D-Day

'D-Day'는 제2차 세계대전 때 연합군이 노르망디 상륙작전을 시작한 날을 뜻하는 군사용어야. 'D'는 작전 개시를 나타내는 말이고, 'D-Day'는 바로 그 중요한 날짜를 가리켜.

1944년 6월 6일에 시작된 이 작전은 전쟁의 흐름을 바꾼 아주 중요한 사건이었어. 이 일 이후로, 'D-Day'라는 말은 군사 작전뿐만 아니라 중요한 계획이나 시험 같은 특별한 날을 의미하는 표현으로 사용되게 되었지.

우리나라에서도 중요한 시험, 선거, 스포츠 행사, 결혼식 같은 특별한 날을 'D-Day'라고 표시하는 걸 쉽게 볼 수 있어. 이렇게 역사적 사건에서 온 'D-Day'는 이제 우리 생활 속에서 자주 쓰이는 용어가 되었단다.

레지스탕스 vs 콜라보

제2차 세계대전 때 프랑스에서 나치 독일에 맞서 싸운 사람들을 '레지스탕스'라고 해. 이 말은 '저항'이라는 뜻의 프랑스어 'La Résistance'에서 유래한 단어로 '저항하는 사람들'이라는 뜻이야. 이들은 군인이 아니라 평범한 시민들이었지만, 독일군의 지배에서 벗어나 자유를 얻기 위해 용감하게 싸웠지.

레지스탕스는 여러 가지 방법으로 독일군에 저항했어. 독일군의 움직임이나 계획을 몰래 알아내서 연합군에게 알려주기도 했고, 독일군이 사용하는 기차나 다리를 파괴해서 그들의 이동을 막기도 했지. 또 독일군의 나쁜 행동을 알리기 위해 비밀 신문을 만들어서 나눠주고, 독일군에 쫓기는 사람들을 안전한 곳으로 데려다주기도 했단다.

이런 식으로 레지스탕스는 큰 위험을 무릅쓰고 독일군과 싸웠고, 연합군이 프랑스를 해방하는 데 큰 도움이 되었어.

하지만 그 시기 프랑스에는 나치 독일에 협력해서 독일군을 도와준 사람들도 있었어. 이 사람들을 '콜라보'라고 부르는데, 이는 '협력자'라는 뜻의 프랑스어 '콜라보라퇴르(collaborateur)'에서 단어의 앞부분을 딴 속어로 '변절자', '배신자'를 경멸적으로 표현하는 '협력하는 사람들'이라는 뜻이야.

콜라보는 여러 방법으로 독일군이 프랑스를 쉽게 통치할 수 있도록 도와줬어. 독일군에게 프랑스 사람들에 대한 정보를 주고, 음식이나 연료 같은 것들을 제공했지. 그래서 프랑스 사람들은 많은 식량과 물자를 빼앗겼어. 또 독일군의 생각을 퍼트리는 데 힘쓰기도 하고, 아예 독일군 편에 서서 전쟁에 참여한 사람도 있었지.

이런 모습은 우리나라의 일제시대 친일파들을 떠올려 생각하면 이해하기 쉬울 거야. 그들은 독일군보다 더 심하게 프랑스 레지스탕스들을 잡아들이기도 했어. 그래서 독일군과 함께 행동한 콜라보는 프랑스 사람들에게 많은 미움을 받게 되었지. 전쟁이 끝난 후에 콜라보에 참여한 사람들은 처벌받고 사회에서도 따돌림당했단다.

그런데 '콜라보'가 이렇게 부정적인 의미만 담고 있는 것은 아니야. 본래 콜라보는 라틴어에서 유래됐는데, '함께'를 의미하는 'cum'과 '노동, 일'을 의미하는 'laboro'가 합쳐진 것으로 '협업'을 의미하거든. 이 단어가 영어의 'collaboration(협력, 협업)'이 되었고, 오늘날에는 주로 비즈니스, 예술, 패션, 음악 등에서 서로 다른 분야나 단체, 개인이 협력하여 새로운 결과를 만들어내는 긍정적 의미로 사용되고 있어.

샤를 드골과 필리프 패탱

제2차 세계대전 당시 프랑스 역사에 중요한 두 사람을 소개할게.

바로 '샤를 드골'과 '필리프 패탱'이야. 둘 다 프랑스의 군인이자 정치가였지. 하지만 1940년 프랑스가 독일에 점령된 후, 둘은 아주 다른 선택을 했어.

먼저 샤를 드골은 영국으로 가서 라디오 방송으로 프랑스 사람들에게 "포기하지 말고, 독일군에 맞서 끝까지 싸우자!"고 용기와 희망을 전했어. 그렇게 그는 프랑스 해방을 위한 '자유 프랑스' 운동을 시작했지. 영국에서 프랑스의 레지스탕스 조직을 이끌며 독일군에 맞서 싸울 계획을 세웠어. 그리고 군사학교도 만들어서 체계적으로 실행해 나갔지. 드골의 자유 프랑스군은 연합군과 함께 1944년 노르망디 상륙작전을 성공적으로 이끌고 프랑스를 해방했어. 전쟁이 끝난 뒤, 드골은 해방된 프랑스로 돌아와 임시 정부를 세우고, 프랑스의 대통령이 되어 전쟁으로 큰 피해를 입은 프랑스를 다시 일으키는 데 힘썼어.

반면 필리프 패탱은 독일군이 너무 강하다고 생각해서 결국 나치 독일과 협력하는 쪽을 선택했지. 그는 독일군의 지배를 받지 않은 일부 프랑스에 해당하는 비시 프랑스(Vichy France)의 지도자가 되었단다. 원래 그는 제1차 세계대전에서 훌륭한 업적을 세워 프랑스의 영웅으로 존경받았던 인물이었어. 그런데 제2차 세계대전 중에는 나치 독일과 협력해서 프랑스를 통치했고, 독일의 요청에 따라 레지스탕스와 유대인들을 탄압하기까지 했지.

이렇게 다른 선택을 했던 두 사람은 전쟁이 끝난 뒤에 아주 다른 평가를 받았어. 샤를 드골은 독일군의 점령에 굴복하지 않고 싸우며 프랑스 사람들에게 용기와 희망을 줬던 인물로 많은 사람의 존경을 받고 있지. 그래서 프랑스에는 그의 이름을 딴 광장과 공항도 있단다. 하지만 패탱은 반역자로 역사에 기록되었지.

드골과 패탱이 지금 살아있다면, 둘은 어떤 대화를 나눴을까?

드골: 패탱, 우리가 살아온 길이 이렇게까지 다르게 평가받게 될 줄은 정말 몰랐소. 나는 프랑스의 자유를 위해 싸운 인물로 기억되고, 당신은 반역자라는 오명을 안고 있군요.

패탱: 그렇군요, 드골. 나도 한때는 분명 프랑스의 영웅이었는데, 전쟁 중의 선택이 이토록 비난받을 줄은 몰랐소. 역사란 참으로 가혹하군.

드골: ______________________________

____

패탱: ______________________________

____

5장

한국전쟁 속에 숨은 갈등

1950~1953 휴전

1950년 6월 25일 새벽,
38도 선을 넘어 북한이 남한을 쳐들어오다!

1945년, 제2차 세계대전에서 일본이 패배하면서 우리나라는 일제 식민지에서 벗어나 광복을 맞게 되었어. 하지만 기쁨도 잠시, 우리나라가 스스로 나라를 다스릴 준비가 될 때까지 미국과 소련이 한반도를 관리하겠다고 한 거야. 미국과 소련은 북위 38도선을 기준으로 북한은 소련이, 남한은 미국이 맡기로 하면서 한반도는 남북으로 나뉘어졌지.

그 뒤 1948년, 남한에는 '대한민국'이라는 정부가 생기고, 뒤이어 북한에는 '조선민주주의인민공화국' 정부가 세워졌지. 그러던 중 1950년 6월 25일 새벽, 북한이 갑자기 38도선을 넘어 남한을 공격했어. 이렇게 한국 전쟁이 시작된거야.

북한은 소련과 중국으로부터 전투기와 탱크 같은 무기를 지원받고, 군사 훈련도 철저히 해서 전쟁을 준비했어. 그래서 전쟁이 시작된 지 3일 만에 서울을 점령하고, 3개월 만에 낙동강 이남을 제외한 대부분의 남한 지역을 차지했지.

이런 상황을 심각하게 생각한 유엔은 북한의 침략을 비난하고 유엔군을 파견했어. 미국을 중심으로 한 유엔군이 남한에 도착하면서 전세가 남한 쪽으로 기울었지만, 그 후 중국군이 북한을 도와주면서 전쟁은 더 치열해졌단다.

결국 1953년 7월 27일, 판문점에서 정전 협정이 맺어져서 전투가 멈췄지. 전쟁이 시작된 지 약 3년 만에 총소리는 멈췄지만, 실제로 아직 전쟁이 끝난 것이 아니라 휴전 상태라서 우리는 여전히 전쟁 중이야.

한국전쟁은 한반도뿐만 아니라 전 세계에도 큰 영향을 미쳤어. 많은 사람이 다치거나 목숨을 잃었고, 남북한은 여전히 세계에서 유일한 분단 국가라는 슬픔을 가지고 있지.

자본주의와 공산주의! 둘로 나뉜 이념 때문에 한국전쟁이 일어났다고?

제2차 세계대전이 끝나고, 미국과 소련은 각각 자본주의와 공산주의를 대표하는 강대국으로 떠올랐어. 이 두 나라는 서로 경쟁하면서 '냉전 시대'가 시작되었지. 세계는 자유주의와 자본주의를 대표하는 미국과 서방 국가들, 공산주의와 사회주의를 대표하는 소련과 동방 국가들, 이렇게 두 개의 이념적 진영으로 나뉘었지. 미국은 남한에 자본주의 체제를, 소련은 북한에 공산주의 체제를 각각 수립하려고 했어. 결국 한반도는 이 대립 구도에 따라 남한은 자본주의 국가로, 북한은 공산주의 국가로 나눠지게 된 거야. 그런데 남북한 모두 한반도 전체를 자신들의 체제로 통일하려 했기 때문에 서로를 더욱 경계하고 적대감을 점점 키워갔지.

안타깝게도 이런 이념의 대립은 외부 영향만이 아니라 한반도 내부에서도 나타났어. 서로 다른 정치·사회적 생각을 가진 집단끼리 갈등이 드

러났지. 남한에서는 공산주의를 옹호하는 세력에 대한 반공 감정이, 북한에서는 자본주의를 옹호하는 세력에 대한 반자본주의 감정이 각각 생겨나 대립했던 거야.

이렇듯 여러 가지 요인들이 복합적으로 작용하면서, 한반도는 이념적 대립이 점점 심해지고 있었고, 결국 북한의 남침으로 한국전쟁이 일어났지.

전쟁 당사국들의 이야기를 들어볼래?

전쟁의 시작

1945년에 제2차 세계대전이 끝나면서 일본의 지배에서 벗어나게 되었어. 이때, 원래 한 나라였던 한국은 미국과 소련이라는 강대국들에 의해 남과 북으로 나뉘어 다스려졌어.

- 미국이 앞으로 아시아에서 지켜줄 지역을 일본, 오키나와, 필리핀으로 한정한다고 선으로 그었어. 이를 '애치슨 라인'이라고 불러.

남한	북한

이럴 수가! 이렇게 전쟁을 끝내고 한반도를
통일하나 싶었는데 중국군이 대규모로 전쟁에
개입했어. 다시 전세가 불리해졌고, 우리는
38선 부근에서 전선을 유지하게 되었지.

한국전쟁 전개 과정

전쟁 쉬는 중

1953년 7월 27일에 휴전 협정이 체결되었어. 전쟁을 멈추기로 한 거지. 현재까지도 종전이 아닌 휴전 상태로 완전한 평화가 이루어지지 않은 상태야.

남한

우리는 전쟁 피해를 복구하고 경제 발전과 정치적 안정을 찾기 위해 애썼어. 미국과의 군사적·경제적 동맹을 강화하기도 하고 말이야. 그리고 참혹한 전쟁의 경험을 통해 공산주의에 반대하는 반공주의가 훨씬 강해졌지.

북한

휴전하긴 했지만, 여전히 남한과의 대치를 지속하기 위해 군사력 강화에 힘썼지. 소련과 중국의 지원을 받아 전쟁 피해 복구와 경제 개발을 했지만, 경제 발전이 더딘 편이야. 전쟁 이후 김일성 독재 체제가 더 강화되었어.

한국전쟁은 단순 남북 간의 국내전이 아니라 국제전이었어!

한국전쟁에 참여한 나라들을 자유 진영과 공산 진영으로 나누어 볼 수 있어. 이들은 각각 자신들의 이념적·전략적 목표를 달성하기 위해 전쟁에 참전했어. 자유 진영은 공산주의 확산을 막기 위해, 공산 진영은 그들의 이념을 확산시키고 동맹국을 지원하기 위해서 말이야. 이렇듯 한국전쟁은 냉전의 중요한 전투 중 하나로 기록되어 있어.

자유 진영

한국전쟁 발발 3일 만에 미국을 중심으로 하는
자유 진영의 UN군 참전
UN

소련이 공산주의를 확산하는 것을 막기 위해
한국전쟁에 참전했지. 유엔에 참전 승인받은 뒤
다국적군을 조직하여 남한을 지원했어. 유엔군
사령관은 미국의 맥아더
장군이 맡았지.

영국과 캐나다, 호주, 튀르키예 등의 여러
유엔 회원국도 군사적·인도적 차원의 지원을
제공하여 공산주의 확산을 막기 위해 힘을
보탰어.

공산 진영

UN군의 38선 이북 진출 이후 중국군 참전

소련은 전쟁을 통해 공산주의 이념을
확산시키려고 했어. 북한의 김일성에게 군사적,
경제적 지원을 제공했지. 미국과의 직접적인
충돌을 피하려고 공식적으로는 전쟁에 개입하지
않았지만, 무기와 장비, 군사 자문관 등을
지원했어.

중국은 자유 진영이 만주 국경 근처까지
올라오자, 국가 안보에 대한 위협으로 보고
'인민지원군'이라는 이름으로 대규모 참전했어.
물론 같은 공산주의 국가로서 공산 진영에 힘을
보태려 애썼어.

한국전쟁이 남긴 것을 살펴볼까?

1953년 7월 27일, 북한, 중국, 그리고 유엔군은 한국전쟁을 멈추는 휴전 협정에 합의했어. 전투를 중단하고 비무장지대(DMZ)•를 설정했지만 평화 조약이 아니라 정전 협정이라 여전히 한반도는 전쟁 중이라고 할 수 있어.

한국전쟁은 많은 사람에게 큰 상처를 남겼어.

우선 전쟁 당시 땅에 묻어둔 많은 지뢰가 비무장지대와 그 주변 지역에 여전히 큰 위험이 되고 있어. 지뢰는 밟으면 터지는 폭발 무기인데, 땅속에 묻혀 있어서 어디에 있는지 알 수 없고 언제 터질지 몰라서 지역 주민들은 항상 두려움 속에서 살아가야 해. 그래서 그 주변에는 농사를 짓거나 지역을 개발하는 것도 매우 어려워. 물론 지금도 지뢰를 없애기 위한 작업을 계속하고 있지만, 그 과정은 정말 위험하고 시간이 많이 걸려서 완전히 없애는 데는 아직도 많은 시간이 필요하단다.

또 한국전쟁 때문에 수십만 명의 가족이 남과 북으로 갈라져 '이산가족'이 생겼어. 전쟁이 끝난 지 수십 년이 지난 지금까지도 서로 만나지 못하고 그리워하고 있지. 남북한 정부가 1985년부터 이산가족 상봉 행사를

• 비무장지대(DMZ, Demilitarized Zone)는 무장한 군대나 군사적 시설이 없는 지역을 말해. 한반도의 비무장지대는 휴전선을 기준으로 남한과 북한에 각각 2km씩, 너비 약 4km, 길이 약 250km에 달하는 양국의 직접적인 군사적 충돌을 막기 위한 특별한 구역이야. 사람의 출입이 제한되어 다양한 야생 동식물과 자연이 그대로 잘 보존되어 있지.

시작했지만, 세월이 흐르면서 나이가 많은 분들이 세상을 떠나는 등 만남이 점점 더 어려워지고 있어.

게다가 전쟁 중에 많은 사람이 목숨을 잃었고, 그로 인해 부모를 잃은 아이들은 '전쟁고아'가 되었어. 고아들은 음식, 옷, 집 같은 기본적인 것들뿐만 아니라 교육과 의료도 제대로 받을 수 없는 어려운 상황이었단다. 그때 많은 고아가 해외로 입양되면서 한국은 한때 '아기 수출국'이라는 슬픈 별명을 얻기도 했어.

한국전쟁으로 일본은 경제 대국으로 나아가게 되었어!

1950년대 초, 일본은 제2차 세계대전에서 패배하고 많은 사람이 일자리를 잃고, 공장들이 문을 닫는 등 정말 힘든 시기를 겪고 있었어. 무너진 경제를 다시 살리기 위해 고군분투했단다.

그런데 한국전쟁이 일본에 뜻밖의 기회가 되었어. 전쟁이 시작되자, 미국은 연합군으로 참전하고 병사들을 위한 식량, 옷, 무기, 기타 장비 같은 많은 물품이 급히 필요했지. 마침 일본에는 이런 물품을 만드는 공장과 일할 사람이 많았지. 그래서 미국은 일본에서 이런 물건을 대량으로 사기 시작했고, 물건의 수요가 늘어나면서 일본의 경제가 활기를 띠게 되었어. 많은 공장이 문을 열었고, 당연히 일자리도 많이 생겼지. 특히 전쟁 물자를 만들던 철강, 조선(배를 만드는 산업), 자동차 같은 산업이 크게 발달했단다.

이렇게 일본은 한국전쟁을 계기로 경제를 빠르게 회복하고, 이후 세계에서도 중요한 경제 대국으로 성장하게 되었단다.

전쟁 속 숨은 이야기

크리스마스의 기적, '흥남 철수' 이야기를 들어볼래?

1950년 겨울, 한국전쟁이 한창이던 때였어. 중국군과 북한군의 거센 공격으로 UN군과 한국군은 어쩔 수 없이 남쪽으로 후퇴해야 했어. 이 과정에서 수십만 명의 피난민들과 군인들이 적의 공격을 피해 흥남항으로 모여들었지.

미군과 한국군은 흥남에 모인 사람들을 남쪽으로 안전하게 대피시키기 위해 여러 척의 큰 배를 이용하기로 했어. 이것이 바로 '흥남 철수' 작전이야.

1950년 12월 15일부터 12월 24일까지 진행된 이 철수 작전 동안 약 10만 명 이상의 군인과 피난민들이 안전하게 남쪽으로 대피했어. 특히 메러디스 빅토리호의 구조 활동은 많은 사람에게 희망과 감동을 주었지. 원래 화물선이었던 이 배는 그날 특별히 사람들을 태우는 데 사용되었어. 레너드 라루 선장은 더 많은 피난민을 태우기 위해 배에 실려 있던 무기를 모두 내리고 무려 1만 4천여 명을 태웠지. 사람들은 남쪽에 무사히 도착했어. 그렇게 많은 사람을 단 한 척의 배로 구한 일은 역사상 유례가 없었기 때문에 사람들은 이를 '기적'이라고 했어. 특히, 크리스마스이브에 일어난 일이어서 '크리스마스의 기적'이라고 불렸지.

실제로 메러디스 빅토리호는 가장 많은 사람을 구한 배로 2004년에 기네스북에도 올라갔단다.

전쟁 60년 만의 재회한 튀르키예인 아빠와 한국인 딸

튀르키예는 미국, 영국, 캐나다 다음으로 약 2만 2천 명이라는 많은 군인을 한국전쟁에 파병했어. 슐레이만도 튀르키예군의 한 사람이었지.

한국에 도착한 슐레이만은 아주 위험한 전투에서 가까스로 목숨을 구했어. 그리고 그때, 공격을 받아서 사람들이 모두 죽어 버린 마을에 유일하게 살아남은 어린 여자아이를 발견했지. 아이만 두고 갈 수 없었던 그는 아이를 부대로 데리고 가서 돌보기 시작했어. 아이에게 '달빛'이라는 뜻이 담긴 '아일라'라는 이름을 지어주고 정성을 다해 보살폈단다. 그렇게 둘은 가족처럼 특별한 관계를 이어갔지.

하지만 시간이 흘러, 슐레이만이 튀르키예로 돌아가야 하는 때가 되어 어쩔 수 없이 둘은 헤어지게 되었어. 튀르키예로 돌아간 뒤에도 슐레이만은 계속 아일라의 소식을 찾았지만, 그 당시에는 국제우편이나 전화 같은 통신시설이 잘 발달하지 않았고, 전쟁고아가 너무 많아서 찾기 어려웠지.

그래도 희망을 잃지 않은 덕분에, 슐레이만과 아일라는 60년이라는 긴 세월을 건너 다시 만날 수 있었어. 그들의 아름다운 이야기는 많은 사람에게 감동을 주었고, 2017년에 '아일라'라는 영화로 만들어지기도 했단다.

전쟁 속 인류애

‘유모차 공수작전(The Kiddy Car Airlift)’ 1,069명의 고아를 구출하라!

1950년 12월, 한국전쟁이 한창이던 시기에 중국군이 전쟁에 참여하면서 북한군이 서울을 다시 차지할 위기에 처했어. 그래서 많은 군인이 서둘러 서울을 빠져나갔지. 하지만 미국 공군의 러셀 블레이즈델 중령은 봉사자 100여 명과 함께 1천 명이 넘는 고아를 돌보고 있어서 떠날 수 없었어.

그는 아이들을 안전하게 데려갈 방법을 찾다가, 누군가 배를 마련해주겠다는 연락을 받고, 트럭 한 대에 아이들을 여러 번 나눠 태워서 3일 만에 인천항에 도착했지. 그런데 그 배는 100명도 탈 수 없는 낡고 작은 배였단다. 중령은 절망했지만, 포기하지 않고 로저스 대령에게 도움을 요청했어. 대령은 다음 날 아침 8시까지 김포공항으로 아이들을 데려오면 C-54 수송기를 보내줄 수 있다고 말했어. 그런데 문제는 트럭이 한 대밖에 없어서 아이들을 빨리 옮길 수 없었던 거야. 중령은 여러 방법을 알아봤지만, 차량을 구하지 못했지.

그때 시멘트를 나르던 미군 해병대의 트럭 14대가 인천항에 나타났어. 블레이즈델 중령은 불법인 걸 알면서도, 자신의 지위를 이용해 “모든 작업을 멈추고 김포공항까지 아이들을 태워 옮기라”고 명령했어. 약속 시간보다 2시간이나 늦게 김포공항에 도착했지만, 다행히 수송기들이 기다리고 있었지. 그렇게 1950년 12월 20일, 전쟁고아 1천 69명이 제주공항에 무사히 도착했어. 이날의 일은 '유모차 공수작전'이라고 불렸고, 블레이즈델 중령은 한국판 '쉰들러 리스트'• 라는 별명을 얻었어.

그런데 이 일이 끝난 후, 블레이즈델 중령은 명령을 어겼다는 이유로 군법회의에서 재판받게 되었어. 재판장이 그에게 "왜 군법을 어겼는가?"라고 물었지. 중령은 "누군가는 반드시 그 일을 해야만 했습니다. 만약 제 임무가 죽음에 내몰린 아이들을 죽게 놔두는 것이라면 당장 군인을 그만두겠습니다."라고 대답했단다. 결국 재판장은 그를 처벌하지 않았어. 그의 용기와 사랑 덕분에 많은 전쟁고아의 목숨을 구할 수 있었고, 전쟁 속에서도 인류애가 여전히 살아있음을 느끼게 해 준 일이었어.

• 쉰들러는 제2차 세계대전 당시 독일 사업가였어. 전쟁이 끝날 무렵, 나치 독일의 유대인 학살이 얼마나 끔찍한지를 깨닫고 자신의 공장에서 일하는 유대인들을 구하기로 결심했지. 목숨을 걸고 유대인들의 이름이 적힌 명단(리스트)을 만들고 전 재산을 털어 나치 관리들을 매수해서 리스트에 적힌 1,200명 이상의 유대인들을 학살의 현장에서 구해냈단다. 이 이야기를 바탕으로 '쉰들러 리스트'라는 영화가 만들어지기도 했어.

네 생각은 어때!

희생과 헌신을 기억해

한국전쟁은 우리나라 역사에서 정말 중요한 사건이야. 많은 사람이 자신의 목숨을 바쳐서 나라를 지켰지. 한국의 군인들뿐만 아니라, 평범한 민간인들도 전투에서 싸우거나 가족을 지키기 위해 자신을 희생하며 힘을 보탰어.

또한, 한국전쟁에 참여한 유엔군도 아주 중요한 역할을 했어. 전 세계 21개국에서 온 군인들이 우리나라를 지키기 위해 먼 길을 달려와 싸웠단다. 이들은 각자 다른 국적과 문화를 가진 사람들이었지만, 모두 한마음으로 우리나라를 돕기 위해 노력했단다. 그들은 전투에 참여하고, 다친 사람들을 치료해 줬어. 그리고 한국 국민에게 필요한 음식과 물자를 전달하는 데에도 힘을 보탰지.

이런 참전 용사들의 희생과 헌신이 없었다면, 지금 우리가 누리는 평화로운 일상도 없었을지 몰라. 오늘의 대한민국이 있기까지, 이름 없는 많은 이들의 용기와 사랑, 그리고 세계 여러 나라 사람들의 따뜻한 손길이 함께 있었다는 사실을 항상 기억해야 해.

그들의 용기 있는 행동을 기억하고 감사하는 마음을 잊지 않는 것이 중요해. 그 마음을 담아 편지를 써 볼까?

6장

중동전쟁 속에 숨은 갈등

1948~현재

1948년 5월 16일, 이스라엘을 향한 아랍 연합군의 폭격이 시작되다!

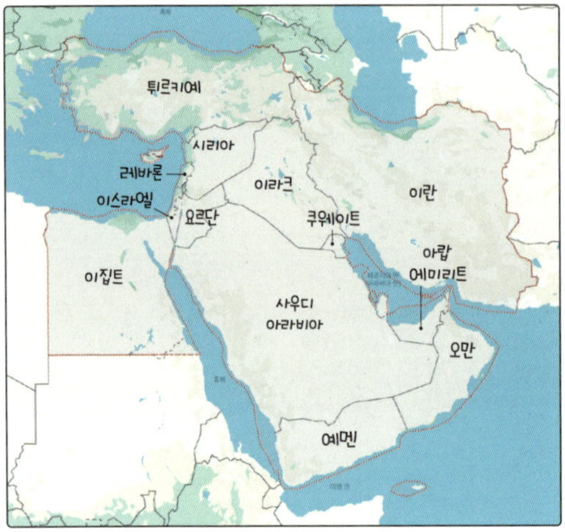

중동 지역 지도

중동전쟁은 중동 지역에서 여러 나라 사이에 일어난 전쟁이야. 주로 이스라엘과 주변 아랍 국가들이 영토나 정치적 문제로 충돌했지. 이 전쟁은 1948년에 유대인들이 '이스라엘'이라는 새로운 나라를 만들면서 시작되었어.

성경• 에 따르면, 그들이 섬기는 하느님이 아브라함이라는 사람에게 특별한 약속을 하셨어. 바로 '젖과 꿀이 흐르는 가나안'이라는 땅을 그와 그의 자손들에게 주겠다고 한 거지. 시간이 흘러, 아브라함의 자손들인 이스라엘 사람들은 이집트에서 노예로 살게 되었어. 그때 모세라는 지도자가 나타나 그들을 이집트에서 구출해 가나안 땅으로 데려가려고 했단다.

• 성경은 유대교와 기독교에서 아주 중요하게 여기는 책이야. 이 책에는 세상이 어떻게 만들어졌는지, 옛날 사람들이 어떻게 살았는지, 그리고 그들이 믿는 신인 하느님과 그의 아들 예수님에 관한 이야기들이 담겨 있어. 유대인들과 기독교인들은 이 책에 적힌 내용이 신의 말씀이라고 믿고 자신들의 삶에서 중요하게 받아들인단다.

이 이야기는 유대인들에게 정말 중요해. 그들은 하느님이 이 땅을 자신들에게 약속하셨다고 굳게 믿고 있거든.

하지만 문제는 여기서부터야. 바로 그 가나안 땅에 이미 다른 사람들이 살고 있었던 거야. 바로 팔레스타인 사람들의 조상들이었지. 팔레스타인 사람들에게도 이곳은 오랜 옛날부터 고향이었고, 자기들의 땅이라고 생각했어. 그런 팔레스타인 지역에 유대인들이 자신들의 나라 '이스라엘'을 세운 거야. 이렇게 같은 땅을 두고 두 나라가 서로 자기 땅이라고 주장하다 보니 계속 싸움이 일어났지.

가장 중요한 전쟁으로는 1948년에 있었던 제1차 중동전쟁, 1956년에 일어난 제2차 중동전쟁(수에즈 위기), 1967년에 있었던 제3차 중동전쟁, 그리고 1973년에 일어난 제4차 중동전쟁이 있어. 이 전쟁들은 그 지역뿐만 아니라, 전 세계에도 큰 영향을 미쳤단다. 오늘날까지도 중동 지역에서는 긴장과 충돌이 계속되고 있어.

중동전쟁의 씨앗은 영국의 이중계약 때문이었다고?

이스라엘과 팔레스타인의 다툼은 1948년에 시작됐어. 겉으로 보기에는 이스라엘이 팔레스타인 지역에 독립 국가를 만들었기 때문에 시작된 것처럼 보여. 하지만 그 배경에는 이스라엘과 아랍 나라들의 대립만 있었던 건 아니야. 이곳을 둘러싼 큰 나라들 사이의 권력 싸움도 빼놓을 수 없지.

제1차 세계대전 때, 팔레스타인을 다스리던 영국은 유대인과 아랍인 각각에 두 가지 약속을 했어. 하나는 영국의 외교관이었던 헨리 맥마흔이 아랍인들에게 "연합군으로 싸우면 전쟁이 끝난 후 독립을 보장하겠다"라고 한 '맥마흔 선언(1915)'이야. 또 다른 하나는 영국 외무 장관 아서 제임스 밸푸어가 "유대인들의 민족적 고향인 팔레스타인에서 유대인 독립 국가를 만들겠다"라고 한 '밸푸어 선언(1917)'이지. 이렇게 같은 땅을 두고 다른 두 민족에게 한 이 약속들이 중동 분쟁의 진짜 시작이라고 할 수 있어.

그 후 유대인과 아랍인들은 팔레스타인 지역을 차지하기 위해 서로 대립하게 되었어. 결국, 국제 평화기구인 유엔이 나서서 1947년에 팔레스타인 영토의 56%를 이스라엘이 차지하고, 나머지를 팔레스타인 사람들이 차지하는 방법을 제안했지. 이스라엘은 이 제안을 받아들였지만, 팔레스타인 사람들은 받아들일 수 없었어. 그동안 자신들이 대부분의 땅을 차지해 왔는데, 절반 이상의 땅을 내주어야 했거든.

그럼에도 1948년 5월 14일, 이스라엘은 텔아비브 박물관● 에서 독립을 선언하고 나라를 세웠어. 그 후 이스라엘과 아랍 나라들 사이의 전쟁은 여러 번 계속되었고, 그 불행한 역사는 지금도 이어지고 있어.

● 텔아비브 박물관(이스라엘 미술관, Tel Aviv Museum of Art)은 이스라엘 텔아비브에 위치한 주요 미술관 중 하나야. 이 박물관은 현대 미술과 고전 미술을 아우르는 다양한 작품을 가지고 있어.

전쟁 당사국(이스라엘 vs 아랍 나라)들의 이야기를 들어볼까?

	이스라엘	아랍 나라들

제1차 중동전쟁
(1948~1949)
이스라엘 독립 전쟁

제2차 중동전쟁
(1956)
수에즈 위기

	이스라엘	아랍 나라들

제3차 중동전쟁
(1967)
6일 전쟁

제4차 중동전쟁
(1973)
욤 키푸르 전쟁
(라마단 전쟁)

중동의 분쟁을 계속 주시하고 있는 세계 여러 나라들

중동에서 일어나는 분쟁은 세계 여러 나라가 관심을 가지는 큰 문제야. 각 나라는 자신들의 이익, 지역의 안정, 그리고 국제법 준수 등 여러 이유로 분쟁에 대해 각자의 입장을 가지고 있단다.

미국 우리는 예전부터 이스라엘의 가장 든든한 친구야. 그래서 이스라엘의 안보를 정말 중요하게 생각하지. 하지만 중동 지역이 평화롭고 안전하기를 바라기 때문에, 이스라엘뿐만 아니라 다른 중동 나라들과도 협력해서 평화 협정도 만들고, 여러 가지 교류도 하려고 노력 중이야.

유럽연합(EU) 우리도 이스라엘과 팔레스타인이 평화롭게 잘 지낼 수 있기를 바라고 있어. 그래서 대화로 문제를 해결하라고 권하고, 팔레스타인 지역에는 인도적 지원과 경제적인 도움을 주고 있지.

러시아 우리는 중동 지역에서의 더 큰 영향력을 가지는 것이 목표야. 그래서 이스라엘뿐만 아니라 시리아, 이란 같은 다른 중동 국가들과도 꾸준히 친하게 지내고 있지. 이런 외교 활동을 통해 국제 사회에서 우리 '러시아'라는 나라의 힘을 키우고 싶어!

중국 우리는 중동 지역의 에너지 자원에 관심이 많아. 그래서 경제적 관계를 강화하려고 열심히 노력하고 있지. 중동 분쟁에 대해서는 특별히 누구 편에 서지 않는 중립이야!

중동전쟁이 남긴 것을 살펴볼까?

이스라엘과 팔레스타인의 국경이 변화했어.

거듭되는 전쟁으로 인해 이스라엘은 땅을 점점 더 많이 차지하게 되었어. 반대로 팔레스타인은 많은 땅을 잃었지. 현재 팔레스타인 지역은 두 부분으로 나뉘어 있어. 하나는 지중해 연안에 위치한 가자지구고, 다른 하나는 요르단 강 근처에 있는 서안지구의 일부지역이야.

가자지구는 현재 '하마스'라는 무장 단체가 통치하고 있어. 이스라엘과

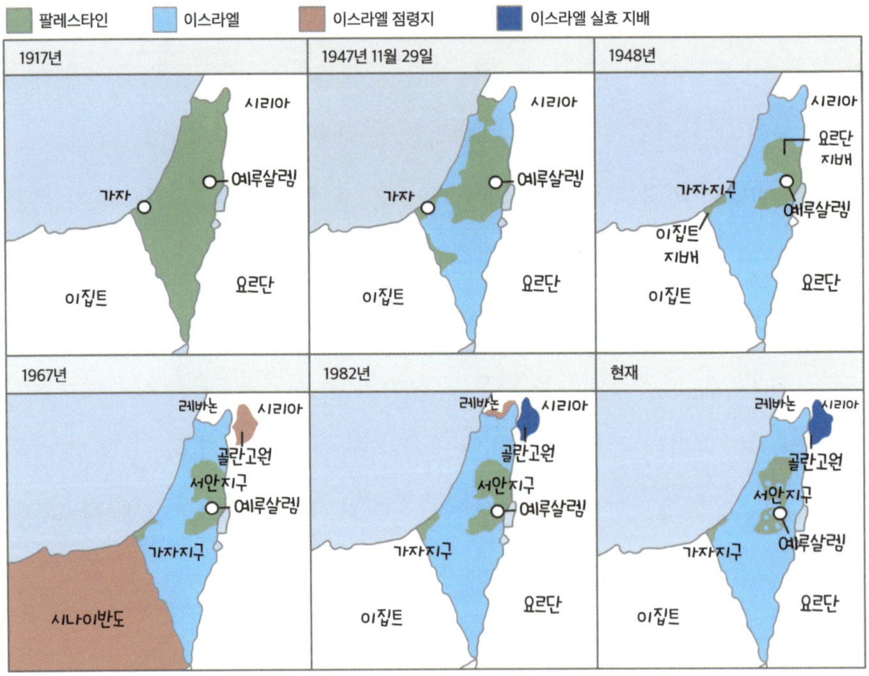

이스라엘과 팔레스타인 영토 분쟁 과정

하마스는 오랫동안 싸워 왔기 때문에, 가자지구는 밖으로 나가거나 물건을 들여오는 것이 막혀 있는 상태야. 그래서 사람들이 필요한 물건을 쉽게 구할 수 없어서, 일부 사람들은 땅굴을 파서 이집트에서 몰래 가져온다고 해.

서안지구는 팔레스타인 자치정부가 관리하고 있어. 하지만 이스라엘 군대가 그곳을 지키고 있어서, 팔레스타인 사람들이 자유롭게 다니거나 행동하기 어렵단다.

또한, 이스라엘은 서안지구에 계속해서 정착촌(유대인 마을)을 짓고 있어. 팔레스타인 쪽에서는 이 정착촌이 자신들의 땅을 빼앗고 삶의 공간을 줄이고 있다고 크게 반발하고 있지. 이런 이스라엘의 행동은 많은 나라로부터 국제법을 어기고 있다는 비난을 받고 있어.

왜 우리가 난민이 되어야 해?

1948년 제1차 중동전쟁으로 70만 명 이상의 팔레스타인 사람들이 고향을 떠나 난민이 되었어. 그 이후에도 여러 전쟁이 일어나면서 더 많은 팔레스타인 난민이 생겼단다.

그들은 1948년에 유엔에서 만든 '결의안 제194호'를 근거로 가능한 한 빨리 고향으로 돌아갈 권리를 주장하고 있어. 하지만 이스라엘과 팔레스타인 사이의 정치적인 생각 차이가 너무 커서 논란이 되고 있지. 이스라엘은 팔레스타인 난민들이 한꺼번에 돌아오는 것은 이스라엘의 유대인 국가 정체성을 위협할 수 있다고 반대하고 있거든.

한편, 많은 팔레스타인 난민들은 여러 세대에 걸쳐 다른 나라에서 불안정한 상황에서 살고 있어. 그들은 일자리와 공부할 기회를 얻기 어려

불안한 평화 협정이 계속되고 있어!

제1차 중동전쟁(1949)

제2차 중동전쟁(1956)

제3차 중동전쟁(1967)

제4차 중동전쟁(1978)

워서 가난하게 살고 있고, 기본적인 인권과 사회적인 서비스를 제대로 받지 못하는 경우가 많아. 그래서 많은 난민이 고향으로 돌아갈 수 있는 날을 꿈꾸지만, 오랜 분쟁과 정치적인 갈등 때문에 쉽지 않아. 일부는 국제기구나 단체의 도움을 받으며 하루하루를 버티고 있단다.

이후에도 타이프 협정(1989), 오슬로 협정(1993), 요르단-이스라엘 평화 조약(1994), 아브라함 협정(2020) 같은 것들이 중동 지역의 갈등을 줄이고 평화를 이루기 위한 중요한 노력으로 이어졌어. 하지만 이 지역의 해결되지 않은 갈등은 여전히 긴장과 분쟁을 일으키고 있어.

제4차 중동전쟁 이후로도 끝없이 분쟁이 계속됐어.

가장 최근인 2023년 10월 7일 이른 아침, 가자지구의 하마스가 이스라엘에 수천 발의 로켓을 발사하며 무력 침공했어. 이 공격으로 이스라엘의 많은 민간인이 희생됐고, 하마스의 무차별적인 민간인 납치로 어린이를 포함한 많은 사람이 실종되었지. 이에 이스라엘은 강경한 반격으로 대응하며 2023년 10월 8일 하마스에 공식적으로 전쟁을 선포했어.

하마스를 없애겠다는 목표로 공격을 계속했는데, 그 과정에서 가자지구에 사는 수많은 민간인이 다치고 죽는 일이 생겼어. 특히 어린이들과 가족 단위의 피해가 컸지.

전쟁이 계속되자, 전 세계 여러 나라가 "이제 그만 싸우고 대화로 해결하자"고 말했어. 그래서 2025년 1월에는 잠시 휴전이 이뤄졌지만, 서로 간의 신뢰가 부족해서 다시 전투가 이어졌어. 이후 2025년 10월, 미국이 중재한 새로운 1단계 휴전협상이 타결되어 다시 휴전이 발효되었어. 그러나 2025년 11월에도 이스라엘의 휴전 위반 의혹 속에 전투가 완전히 멈추지 않았고, 전투 지역에서는 많은 사람들이 다치거나 집을 잃었어.

가자지구에서는 지금 식량과 물, 의료품이 부족하고, 병원과 학교도 무너진 곳이 많아. 전쟁 때문에 평범한 사람들이 가장 큰 고통을 겪고 있는 거야.

아랍 나라들 사이에도 종파에 따른 갈등이 있어.

중동에 있는 아랍 나라들은 이스라엘과 팔레스타인 분쟁 때는 한결같이 팔레스타인을 지지했지만, 각 나라들끼리 종파 차이로 대립하고 있어. 바로 수니파와 시아파가 대표적이야. 수니파는 이슬람에서 가장 많은 사람이 믿는 종파로, 사우디아라비아, 이집트, 요르단 등 아랍 나라 대부분이 여기에 속해. 반면 시아파는 이슬람에서 적은 수의 사람들이 믿는 종파로, 이란, 이라크, 바레인, 레바논 등 일부 국가들에 해당하지.

수니파와 시아파의 갈등은 이슬람 초기 칼리프• 계승 문제를 둘러싸고 일어났어. 시아파는 무함마드의 사촌이자 사위인 알리를 정통 후계자로 인정했지만, 수니파는 무함마드의 동료였던 아부 바크르를 첫 번째 칼리프로 인정했지. 이렇게 오랜 종교적 차이로 시작된 수니파와 시아파의 대립은 지금도 중동의 정치와 사회에 영향을 미치고 있어.

• 아랍어로 '대리자' 또는 '후계자'를 의미해. 이슬람 역사에서 칼리프는 예언자 무함마드의 후계자로서 이슬람 공동체를 이끌고, 종교적, 정치적, 군사적 지도자로서 역할을 하는 사람이지.

중동의 시아파와 수니파

특히, 수니파의 대표국인 사우디아라비아와 시아파의 대표국인 이란은 중동 지역에서 서로의 영향력을 넓히려는 경쟁 구도를 형성하고 있어. 양국은 시리아 내전, 예멘 내전 등 여러 지역 분쟁에서 서로 반대편을 지원하며 대립했단다.

이러한 종파 대립은 단순한 종교 문제를 넘어서 정치·사회·경제적 차원에서 복잡하게 얽혀 중동 지역의 평화를 위협하고 있어.

전쟁 속 숨은 이야기

석유가 뭐길래? 우릴 힘들게 하는 거야!

1973년에 일어난 제4차 중동전쟁은 전 세계 경제에 큰 영향을 끼쳤어. 이 전쟁 때문에 '석유파동'이라는 큰 사건이 벌어졌지.

전쟁이 터지자, 아랍의 산유국(석유를 생산하는 나라들)이 이스라엘을 도와주는 국가에 불이익을 준 거야. 석유 생산을 줄이고, 석유 수출을 제한하면서 말이야.

석유 공급이 줄어들자 당연히 석유 가격이 가파르게 올랐어. 그러자 석유를 이용해 제품을 생산하고 서비스를 제공했던 많은 분야에서 물가가 덩달아 오르면서 전 세계적으로 극심한 인플레이션•이 발생했지. 결국 많은 국가에서 경제 성장이 느려지고, 일부 국가들은 경기 침체까지 겪었단다.

이 사건으로 석유가 단순한 에너지원이 아니라 국제 정치와 경제에도 중요한 전략적 자원이라는 것을 깨닫게 되었지. 그리고 석유에만 의존하는 에너지 정책의 위험성을 알고 대체 에너지 개발 및 에너지 효율성을 향상시키기 위한 다양한 에너지 정책들이 등장하게 되었어. 석유 없이는

• '인플레이션'은 돈의 가치가 떨어져서 예전보다 더 많은 돈을 줘야 같은 물건을 살 수 있는 상황을 의미해. 예를 들어, 지금 네가 1,000원으로 사탕 5개를 살 수 있는데, 나중에는 똑같은 1,000원을 가지고도 사탕을 2개밖에 살 수 없게 되는 것이 바로 인플레이션이야. 물건값이 올라서 같은 돈을 가지고도 살 수 있는 물건의 양이 줄어들어 버린 거지. 이렇게 인플레이션이 심해지면 사람들은 생활에 큰 어려움을 겪게 된단다.

공장도 돌리기 어렵고, 자동차도 움직일 수 없으니까 말이야.

세계 3대 종교의 성지인 예루살렘의 소속은 과연 어디인가?

예루살렘은 세계 3대 종교인 기독교(그리스도교), 유대교, 이슬람교에서 모두 중요한 성지로 여기는 곳이야.

기독교에서 예루살렘은 예수님의 생애와 깊은 관련이 있는 곳이야. 예수님이 십자가에 못 박히고 부활한 장소로 알려진 '성묘 교회'와 예수님이 십자가를 지고 골고다 언덕까지 올라간 길인 '비아 돌로로사'가 있지. 전 세계 기독교인들이 순례를 오는 중요한 장소들이야.

또한 예루살렘은 유대교의 역사적 중심지야. 구약 성경에 등장하는 솔로몬 왕이 지은 첫 번째 성전이 있던 '성전산'과 성전의 서쪽 벽 일부인 '통곡의 벽'이 있어. 유대인들에게는 아주 신성한 장소로 여겨지는 곳이지.

이슬람교에서도 예루살렘은 특별한 곳이야. 예언자 무함마드가 하늘로 올라갔다고 전해지는 곳으로 여겨지고 있어. 특히, 이슬람교에서 세 번째로 중요한 사원인 '알아크사 모스크'와 황금 돔으로 유명한 아름다운 '바위의 돔'이 있는 예루살렘의 성전산은 이슬람교도들에게 매우 중요한 성지야.

이렇듯 성전산은 이슬람교, 유대교, 기독교 공통의 성지야. 그렇다보니 갈등이 많아. 이곳은 이스라엘이 점령하고 있지만, 관리권은 요르단의 이슬람 종교재단 '와크프(Waqf)'에 있어. 그래서 유대인들은 성전산 근처의 통곡의 벽에서만 기도할 수 있고, 사원 내에서 기도는 이슬람교도들

4대 구역으로 나누어진 예루살렘 구시가지

만 가능하지. 이에 따른 유대인들의 불만으로 팔레스타인인들과의 다툼이 벌어지곤 한단다.

또한, 예루살렘은 이스라엘과 팔레스타인의 정치적 갈등의 중심이기도 해. 현재 예루살렘은 이스라엘이 다스리고 있어. 이스라엘은 1980년에 예루살렘을 '완전하고 통일된 수도'로 선언하고, 중요 정부 기관들을 이곳에 두고 있지.

그런데 팔레스타인 측도 동예루살렘을 팔레스타인 국가의 수도로 주장하고 있어.

게다가 국제 사회의 입장도 다양한데, 대부분 국가의 경우 이스라엘의 예루살렘 통합 선언을 인정하지 않아서, 많은 나라가 대사관을 텔아비브에 두고 있어. 예루살렘은 이스라엘과 팔레스타인이 협상을 통해 결정해야 할 문제라고 보고 있단다.

이란과 이스라엘이 과거에는 친한 사이였다고?

이란은 지금 이스라엘을 적대시하고 팔레스타인을 강하게 지지하는 나라야. 하마스나 헤즈볼라 등 이스라엘에 반대하고 공격하는 무장 단체들을 지원하고 있지.

그런데 지금은 믿기 힘들지만, 이란과 이스라엘은 1950~1979년까지 정말 친한 친구였어. 이란은 이스라엘에 석유를 팔았고, 이스라엘은 이란에 기술과 무기를 팔면서 서로 돕는 좋은 사이였지. 지금은 이란이 미국이나 유럽 같은 서방 나라들의 영향을 경계하지만, 그때만 해도 미국과도 꽤 사이가 좋았단다.

그러다 1979년 큰 사건이 일어났어! 그 당시 이란을 다스리던 마지막 왕(모하마드 레자 팔라비)의 서구화 정책과 독재 정치에 불만을 가진 사람들이 '이란 혁명'을 일으킨 거야. 그들은 전통적인 이슬람 가치와 생활방식을 지킬 것을 주장하며, 이슬람 공화국을 세웠지.

이란의 새로운 지도자들은 이스라엘을 '적'으로 규정했어. 심지어 '사탄의 국가'라고 부르며 이스라엘 존재 자체를 강력하게 반대하고 있어. 이스라엘 또한 이란을 '가장 큰 위협'이라고 여기고 있지. 이렇게 두 나라는 서로를 믿지 않는 적대적인 관계를 이어가고 있단다.

전쟁 속 노벨평화상

제2차 중동전쟁으로 노벨평화상을 받은 사람이 있다고?

제2차 중동전쟁(수에즈 위기) 당시 외교적 역할을 통해 평화를 이끈 공로로 노벨평화상을 받은 사람이 있는데, 바로 캐나다 외무부 장관이었던 레스터 B. 피어슨(Lester B. Pearson)이야.

피어슨은 수에즈 위기를 끝내기 위해 이집트와 이스라엘 간의 국경에 유엔 평화유지군•을 배치하는 유엔 긴급군(UNEF, United Nations Emergency Force) 배치를 제안했고 받아들여졌어. 이는 유엔 평화유지군이 분쟁 지역에 파견되어 무장병력에 의한 평화유지활동 임무를 수행한 첫 사례가 되었고, 오늘날 유엔 평화유지군 활동의 기초가 되었다고 볼 수 있지. 평화 유지 작전 덕분에 제2차 중동전쟁이 끝나고 평화가 유지되면서 중동 지역의 긴장이 완화되었단다.

레스터 B. 피어슨

피어슨은 이러한 공로를 인정받아 1957년

• 유엔 평화유지군(UN PKF, United Nations Peace Keeping Force)은 국제 평화와 안보를 유지하기 위해 유엔 회원국들로부터 자발적으로 제공된 군사 및 경찰 인력과 민간 전문가들로 구성된 조직이야. 유엔의 지휘 아래 함께 임무를 수행하며 협력하지.

에 노벨평화상을 수상하게 되었어. 그리고 이를 통해 국제 분쟁을 해결하는데 외교를 통한 평화유지가 얼마나 중요한 일인지를 알 수 있었지.

전쟁을 멈춘 용기 있는 리더들을 소개합니다!

앞서 소개한 레스터 B. 피어슨 장관이 멋진 아이디어로 큰 전쟁을 막았다면, 여기 직접 전쟁을 끝내기로 용기를 낸 두 지도자를 소개할게. 바로 이집트의 안와르 사다트 대통령과 이스라엘의 메나헴 베긴 총리야.

두 나라는 오랫동안 서로를 적으로 여기며 싸워왔기에 평화는 불가능해 보였지.

그런데 1978년, 미국의 카터 대통령의 도움으로 세 사람은 '캠프 데이비드'라는 곳에 모여 13일간 이야기를 나누게 됐지. 결국 그들은 '캠프 데이비드 협정'이라는 역사적인 평화의 약속을 맺게 되었어.

전쟁을 끝내고 평화를 선택한 이 용기 덕분에 두 사람은 함께 1978년 노벨평화상을 받게 되었단다.

노벨상

네 생각은 어때?!

평화를 찾을 방법은 없을까?

끝이 보이지 않는 이스라엘과 팔레스타인의 영토 분쟁 문제에 대해 살펴보았어.
앞에서 알아본 내용을 바탕으로 네 생각을 정리해 볼래?

혹시, 이스라엘과 팔레스타인이 갈등을 풀고 평화를 되찾을 방법이 있을까?

쾅쾅쾅 전쟁 속에 숨은 갈등

2026년 01월 15일 1판 1쇄 펴냄

글쓴이 서민
그린이 유남영

펴낸이 박인수
펴낸곳 주니어단디
주소 경기도 파주시 법흥리 유승앙브와즈 201동 106호
편집 한라경
디자인 김영욱

등록 제 406-2016-000041호(2016. 3. 21.)
전화 031-941-2480
팩스 031-905-9787
이메일 dandibook@hanmail.net
홈페이지 dandibook.com

ISBN 979-11-89366-43-8 73700